国家社会科学基金西部项目"民生福祉视角下中国城市
升路径研究"（2022XTJ004）
陕西省软科学研究一般项目"空间关联网络视角下陕西
评价与提升路径研究"（2022KRM171）
陕西省教育厅哲学社会科学重点研究基地项目"基于知识温山的陕西省区域创新能
力提升研究"（19JZ048）
陕西省软科学研究计划面上项目"基于知识三角的陕西省高校协同创新能力提升路
径研究"（2017KRM105）

经管文库·管理类

前沿·学术·经典

知识的力量：
产学研协同创新能力提升

THE POWER OF KNOWLEDGE: STUDY ON THE ENHANCEMENT OF INDUSTRY-UNIVERSITY-RESEARCH SYNERGY INNOVATION ABILITY

王美霞 著

经济管理出版社

ECONOMY & MANAGEMENT PUBLISHING HOUSE

图书在版编目（CIP）数据

知识的力量：产学研协同创新能力提升/王美霞著.—北京：经济管理出版社，2023.10
ISBN 978-7-5096-9427-5

Ⅰ.①知…　Ⅱ.①王…　Ⅲ.①产学研一体化—研究—中国　Ⅳ.①G640

中国国家版本馆 CIP 数据核字（2023）第 215354 号

组稿编辑：杨国强
责任编辑：杨国强
责任印制：许　艳
责任校对：蔡晓臻

出版发行：经济管理出版社
　　　　　（北京市海淀区北蜂窝 8 号中雅大厦 A 座 11 层　100038）
网　　　址：www.E-mp.com.cn
电　　　话：（010）51915602
印　　　刷：唐山玺诚印务有限公司
经　　　销：新华书店
开　　　本：720mm×1000mm/16
印　　　张：13.5
字　　　数：222 千字
版　　　次：2023 年 11 月第 1 版　　2023 年 11 月第 1 次印刷
书　　　号：ISBN 978-7-5096-9427-5
定　　　价：98.00 元

前　言

本书重点讨论知识经济时代，企业、产业技术创新战略联盟、高校等创新主体如何通过知识搜寻、知识共享、知识生产、知识传播、知识转移和知识溢出等知识力量来影响各创新主体的创新能力提升，厘清知识搜寻、知识共享、知识生产、知识传播、知识转移和知识溢出等能力对产学研协同创新能力的作用及影响机制，实证分析基于知识搜寻和吸收能力的企业技术创新能力、基于知识共享的产业技术创新战略联盟协同创新能力、基于"知识三角"的高校协同创新能力、基于知识溢出的陕西区域创新能力，并提出促进各创新主体创新能力及产学研区域协同创新能力提升的路径。主要的研究结论如下：

（1）外部知识搜寻的两个维度，即外部知识搜寻宽度和外部知识搜寻深度分别对企业技术创新能力及吸收能力产生正向影响。内部知识搜寻的两个维度，即内部 R&D 活动和知识搜寻分别对企业技术创新能力及吸收能力产生正向影响。这表明知识搜寻能通过扩大搜寻范围扩展搜寻深度来提升企业知识储备，帮助企业进行内部知识整合，便于员工传播和共享显性知识，进而提升企业技术创新能力和知识吸收能力。知识吸收能力对企业技术创新能力产生正向影响，且在知识搜寻与企业技术创新关系中存在中介作用。这表明在吸收能力的传递作用下，知识搜寻能通过促进企业知识存量的增加、吸收、利用，以及带来更具有市场竞争优势的创新产品和工艺，从而提升企业的技术创新能力。

（2）知识共享是解决产业技术创新战略联盟中"卡脖子"关键共性问题、开展联合攻关、推动产业链向高端升级的有效手段。第一，知识共享意愿对知识共享识别阶段具有显著的正向影响，而知识隐性特征对知识共享识别阶段具有显著的负向影响；主体异质性对知识共享实施阶段具有显著的负向影响，知识共享环境、信息技术对知识共享实施阶段具有显著的正向影响；知识吸收能力对知识共享整合阶段具有显著的正向影响。第二，基于过程视角，知识共享过程可区分为知识共享识别阶段、知识共享实施阶段和知识共享整合阶段，知识共享的过程正向作用于知识共享效果。这三个阶段效率的提升，会降低联盟成员的共享成本，增强吸收彼此知识的能力，提高员工的工作效率，丰富组织的知识储备，从而实现战略联盟的预期目标，达到良好的知识共享效果。第三，知识共享过程在影响因素与知识共享效果关系中存在中介作用。

（3）在协同创新过程中，高校科研系统的三个能力构成要素分别如下：知识生产能力包括知识存量因素、组织资源因素、人力资本因素；知识传播能力包括知识编码化因素、教学资源配置因素；知识转移能力包括激励机制因素、组织距离因素、社会资本因素。在协同创新过程中，知识生产能力、知识传播能力和知识转移能力均正向影响协同创新能力，其中知识生产能力对协同创新能力作用的影响系数最大。因此，高校科研系统内部的知识生产能力是影响协同创新能力的主导因素。

（4）整体来看，陕西全省的知识吸收能力和区域创新能力都呈现出稳步提升趋势，但是受地理条件、资源禀赋、经济基础、创新环境等方面的约束，各地级市之间呈现出显著差异。其中，西安作为省会城市，区域创新能力远超其他九个城市，成为全省的知识溢出中心。因此，在地理位置上越靠近西安，城市的知识吸收能力和区域创新能力越强。此外，知识溢出的吸收能力对区域创新能力有明显的促进作用，即自身吸收知识溢出的能力越强，区域创新能力越强。陕西各城市的区域创新能力存在一定的空间聚集效应，两极分化较为严重，关中地区区域创新水平最高，陕北次之，陕南区域创新能力较低。根据各城市知识溢出和区域创新能力的强弱特点，可将全省分为三组，其中，咸阳属于知识溢出和区域创新能力都强的"强—强"地区；宝鸡和榆林属于吸收知识溢出能力弱和区域创新能力强的"弱—强"地区；渭南、商洛、安康、延安、铜川、汉中属于吸收知识溢出能力和区域创新能都弱的"弱—弱"地区。

（5）产学研协同创新能力提升路径：一是提升企业技术创新能力路径。包括充分搜寻外部资源，获取有用的知识信息；深度挖掘内部知识，激发企业内部搜寻活动；优化知识搜寻结构，注重知识搜寻内外结合；增强企业知识吸收能力，充分发挥其正向调节作用；建设良好的营商环境，促进企业协同创新能力发展。二是提升产业技术创新战略联盟的协同创新能力路径。包括增强知识转移与吸收，提升产业联盟创新能力；加强产业联盟知识共享，营造互动共创氛围；增强政府引导作用，促进产业联盟知识转移；优化外部市场环境，推动产业联盟创新资源共享。三是提升高校协同创新能力路径。包括健全科学研究机制，提升高校知识生产能力；加强人才培养力度，提升高校知识传播能力；促进校企知识转移，保障产学研沟通合作；推动知识三角动态演化，提升高校协同创新能力。四是提升产学研区域协同创新能力路径。包括充分发挥区域间知识溢出作用，缩小区域创新能力差异；破解知识溢出障碍，推动区域间知识吸收转化；引导区域间人才流动，提高区域创新驱动力；完善区域制度环境，提高协同创新效率；构建知识溢出补偿机制，促进区域协同创新可持续发展。

目　录

第一章 绪论

第一节 研究背景与问题

一、研究背景

当前，随着电子计算机、互联网、人工智能等技术的快速发展，产学研协同创新成为世界各国实施创新驱动发展战略、提升自身竞争力的重要途径。发展创新型经济、建设创新型国家是我国实现"十四五"规划和 2035 年远景目标的必经之路。随着创新驱动战略向更高水平更深层次的谋划和发展，科技创新被提升到了核心地位。但由于科学技术的不断迭代更新及全球经济环境的快速变化，我国企业开展科技创新仍面临着前所未有的动态复杂性，加之我国企业普遍存在技术单一、资源短缺及创新产品成功率低等问题，企业如何通过协同合作充分利用外部技术创新资源，将外部资源内化为企业创新研发所用，成为我国科技发展的研究热点。高校作为我国产学研协同创新的重要主体，其雄厚的科研优势已成为引领国家社会经济发展并推动我国科技创新的主要支撑力量。因此，高校和企业之间如何开展协同创新，同时构建以高校和企业为创新主体、以市场发展为导向且以产学研合作创新模式为战略发展核心的技术创新体系，来不断提升校企协同创新能力，已然成为我国社会经济发展的一项重要任务。通过创新主体之间的合作、开放与共享，产学研协同创新模式能够重新配置要素资源，实现彼此之间的优势互补，进而促进共同创新，是国家创新体系的重要组织形式。党的二十大报告明确指出，"要加强企业主导的产学研深度融合"。因此，加快产学研深度融合与协同创新是促进我国经济高质量发展的关键。

在知识经济的新时代，以知识为基础的企业理论认为要把握知识主动权，知识才是企业的核心竞争力所在，是一个企业长远发展并保持竞争优势的源泉。当今社会，变幻无穷，如何在激烈的竞争中把握主动，是每个企业需要思考的问题。企业不能再简单地依靠对资源环境的占有和损耗获得竞争力，只有不断提高自己对外部知识资源的获取能力和对自身内部资源的研发创新能力，才能在激烈的竞争中占据主动地位，使自己的核心竞争力有所提高。外部环境中存在大量的知识源，其他企业在创新过程中，研发知识会通过一定的方式外溢，企业如何把握主动权，握紧资源所在，将外部知识源和其他企业溢出的知识掌握在自己手中，是企业提高创新能力、掌握竞争优势的关键所在。产学研协同创新过程中，各主体存在"知识势差""知识产权损害""知识溢出风险""知识收益分配不均"等困境，能否妥善处理和解决，直接影响到产学研协同创新的成败。将"知识论"引入产学研协同创新研究中，能更好地从"知识"的本质理解产学研协同创新的目的，保护知识主体利益，增大整体利益，推动联盟稳定运行。

（一）企业难以凭借自身资源实现技术创新

由于创新的高风险和高失败率，企业难以凭借自身的资源实现技术创新，而是要寻求更多的外部知识资源。企业面临知识获取渠道受限的问题，特别是中小型企业或刚起步的创新型企业，缺乏广泛的合作伙伴网络或专业的信息资源库，导致知识的搜寻受限，难以获取到最新的科技进展。同时，一些领先企业因为技术壁垒而不愿意与其他企业共享关键知识，限制其他企业的搜寻和吸收能力，阻碍创新合作。此外，搜寻到的知识若不能有效吸收，将难以转化为创新实践。企业需要具备较强的知识吸收能力，能够理解并融入外部知识，结合内部资源实现技术创新。

（二）产业技术创新战略联盟成员间知识共享过程实施不畅

产业技术创新战略联盟是由高校、企业、科研院所等机构以提升技术创新能力为目标，通过知识创造、流动与共享，提高各成员机构的知识存量，形成优势互补、风险共担的协同创新平台，是新型产学研协同创新组织形态以及建设我国技术创新体系的重要载体。产业技术创新战略联盟本质是一种合作博弈，知识是合作创新的核心要素，知识共享则是合作创新的关键，它与合作创新的机制、绩效等相关。由于联盟成员在主观意愿、客观条件、利益诉求等方面存在差异，成员间在知识共享过程中难免会发生冲突和摩擦，导致各个成员之间的信任度降低、违约风险增大、信息共享不畅、创新效率下降等。《2019年度产业技术创新战略联盟活跃度评价报告》显示，2019年科技部三批试点联盟146家和协发网网员联盟11家参与了中国国家级产业技术创新战略联盟活跃度评价，其中录入信息达到评价要求的联盟共有99家，而评价结果显示为活跃度一般和不活跃度的联盟占比竟高达46.5%，意味着2/3的战略联盟未能充分发挥作用。因此，战略联盟的知识共享过程能否顺利实施，关系到联盟运营的成败。

（三）高校协同创新能力不足

高校与企业之间合作旨在促进科研成果转化、技术创新和产业发展，高校作为创新主体在成果转化过程中同样存在一些问题。企业和高校之间存在信息不对称，导致产学研合作的需求和资源匹配不精准，其运作方式和目标可能存在差异，如果合作模式不够灵活、多样化，可能难以满足各方的需求，影响合作的顺利进行。同时，科研成果转化为实际应用需要跨越科学研究和商业化的鸿沟，这需要更多的技术转移和商业化支持。此外，由于创新文化、人才流动等因素，产学研合作局限于短期项目，缺乏长期稳定的合作机制，难以形成持续的合作关系。

（四）产学研协同创新存在区域不平衡问题

由于不同地区之间在产学研合作中资源配置、科技水平、创新氛围等方面存在差异，导致一些地区的产学研协同创新发展相对滞后，而另一些地区相对较为先进和活跃。依照地区分布看，东部地区各类产学研协同创新的主导影响因素包括地区发展水平、创新要素投入和市场发育程度。而中部和西部地区由于基础发展相对落后，除受上面三个因素影响外，还主要受基础设施建设水平的影响。2022 年 4 月，由陕西省科技厅和陕西省发展改革委联合印发的《陕西省"十四五"科技创新发展规划》对全省科技发展形势做出评价。该规划提出了区域创新协同发展计划、创新人才培养系统计划、基础研究能力增强计划、科技创新合作交流计划、企业创新能力提升计划等"八计划"和一系列改革发展措施，以破解陕西科技创新提质增效中遇到的瓶颈和难题。该政策意味着陕西将从科技大省转型为科技强省，在这一过程中，全省区域创新能力发展不平衡、不协调将得到解决。

二、问题的提出

基于上述分析可知，产学研协同创新问题是当前全社会高度关注的重要问题。尽管现有研究取得了较为丰硕的成果，但很少基于知识流动背景解释产学研协同创新中地区间或组织间表现出不同的创新能力和效果，研究结果存在局限性，影响对产学研协同创新的深入理解。基于此，本书旨在知识流动背景下，探讨企业、产业技术创新战略联盟和高校等创新主体的知识管理能力对其创新能力、协同创新能力以及产学研协同创新能力的影响机制和路径，具体包括以下几个问题：

（一）知识搜寻如何影响企业技术创新能力？吸收能力在这个过程中起到了怎样的作用？

企业通常难以凭借自身的资源实现技术创新，而是寻求更多的外部知识资源，即进行知识搜寻。在此过程中，由于企业面临知识获取渠道受限、自身技术受限等问题出现知识搜寻不充分。同时，企业必须具备一定的吸收能力才能将所搜寻到的技术、信息等资源转化为自身的创新动力。因此，在此过程中，知识搜寻是如何影响企业技术创新能力的？企业吸收能力在此过程中起到了怎样的作用？如何有效提升企业技术创新能力，从而提升企业创新绩效？

（二）知识共享如何影响产业技术创新战略联盟的创新能力？

知识共享是合作创新的关键，与合作创新的机制、绩效等相关。战略联盟的知识共享过程能否顺利实施，关系到联盟运营的成败。为了使知识共享落到实处，增强联盟知识管理与知识创新实力，提高整个战略联盟的创新能力，本书提出以下问题：知识共享如何影响产业技术创新战略联盟？联盟知识共享的影响因素是什么？如何在知识共享视角下提升产业技术创新战略联盟的创新能力？

（三）如何提升高校协同创新能力？

在产学研中，高校是知识的生产和传播中心，拥有丰富的学术资源和专业知识。通过与产业和研究机构的合作，高校能够将其学术研究成果应用到实际生产和创新中，推动产业的转型和升级。提升高校科技创新水平，构建产学研协同创新机制，是经济社会发展过程中科技支撑的重要抓手。由此，本书提出以下问题：协同创新过程中高校创新能力的本质是什么？如何通过提升高校创新能力来推动协同创新发展？

（四）知识溢出如何影响区域创新能力？

知识溢出是地区间知识交流和合作的结果，研究它对区域创新能力的影响，有助于促进不同地区的创新协同发展。通过探究知识如何在地区之间流动和传播，可以为地方政府和企业提供合作和创新方向，实现资源共享，推动整个地区的创新能力提升。因此，本书提出以下问题：知识溢出如何影响区域创新能力？在知识溢出背景下，区域创新能力具有的特性是什么？如何为提升区域创新能力提出针对性对策和建议？

第二节　研究意义

一、理论意义

从理论来看，20世纪60年代，知识溢出的概念被首次提出，而后由众多学者在区域经济、区域创新等各个领域对知识溢出进行探索。知识溢出这一概念受到了广泛关注，并逐渐成为经济学领域的一个研究热点。知识是无形的并具有一定的外部性。当知识的接收者通过一定的途径从知识创造者那里获取的新的信息与技术，但知识创造者得到的补偿低于新知识本身所创造出来的价值，甚至没有得到补偿时，在这一过程中就产生了知识溢出。最初学者们在研究知识溢出时经常会忽略空间维度的影响，把知识溢出当作经济增长的内生变量，但知识溢出的空间表现是毋庸置疑的。并且，关于知识溢出对区域创新能力的研究也较少，缺乏相关的实证研究且研究体系尚不完善，知识溢出影响区域创新能力的机理问题亟须解决。

二、实践意义

从现实情况看，陕西近十年来的区域创新水平一直处于稳步提升的状态。总体而言，呈现为西安区域创新能力独树一帜，并带动关中地区周边城市的发展。但陕北、陕南与关中区域创新能力的差距过大，不利于陕西整体区域创新能力的提升与各个地区的协调发展。如今科技与交通水平的发展提升使得区域之间的交流合作往来比以往的任何时代都更加密切，这促进了知识的扩散与传播，从而产生了知识的外溢。知识对于区域创新能力的影响越来越大，随着知识溢出的现象越来越明显，陕西省内的区域创新能力未来的发展差距进一步拉大。知识溢出意味着知识的共享和传递，高校与产业界、研究机构之间的合作可以促进知识的共享，使先进技术和创新思想在不同地区得到传播，从而提高陕西整体的创新能力。高校、产业界和研究机构构成了知识三角，通过三方合作，不仅可以加速创新资源的整合和交流，还可以形成创新联盟，共同解决技术难题，推动技术创新。研究区域间的知识溢出需要了解知识搜寻的行为和模式。高校作为知识搜寻的重要主体之一，可以探讨其在区域创新能力提升中的作用，以及如何通过合作搜寻、跨区域合作等方式促进知识流动，推动创新能力的提升。因此，本书在知识的背景下，基于"知识搜寻—知识共享—知识三角—知识溢出"视角，探索产学研的协同创新能力的提升路径，为地方政府制定创新政策和资源配置提供借鉴。

第三节 研究内容和研究方法

一、研究内容

深入推进产学研深度融合与协同创新是推动经济高质量发展的关键，如何通过知识流动提升产学研协同创新能力？知识搜寻如何影响企业技术创新能力？知识共享如何影响产业技术创新战略联盟？如何提升高校协同创新能力？知识溢出如何影响区域创新能力？本书基于这些问题展开系统全面的研究，致力于"促进知识流动，提升产学研协同创新能力"。本书主要分为八章内容，具体如下：

第一章绪论。主要介绍了研究背景与问题、研究意义、研究内容和研究方法、研究思路与研究框架。在研究背景中介绍了产学研协同创新能力在我国的发展现状，以及产学研在协同创新过程中存在的问题，由此提出本书的研究问题、研究框架、研究内容与方法。

第二章理论基础。主要介绍了本书的理论基础：协同创新理论、知识理论和技术扩散理论，其中知识理论包括知识吸收理论、知识转移理论、知识共享理论、知识溢出理论。这是后面研究机理分析工作的基础。

第三章基于知识搜寻、吸收能力的企业技术创新能力研究。首先，本章将知识搜寻、吸收能力和企业技术创新绩效纳入分析的框架，分别研究知识搜寻对企业技术创新能力、知识搜寻对吸收能力、吸收能力对企业技术创新能力的影响；其次，进一步分析吸收能力在知识搜寻和企业技术创新能力关系中的中介作用。

第四章基于知识共享的产业技术创新战略联盟创新能力研究。首先，本章基于产业技术创新战略联盟的特点；其次，从知识共享过程出发，运用问卷调查和结构方程模型，实证分析联盟中知识共享的影响因素。

第五章基于知识三角的高校协同创新能力研究。首先，本章在现有文献和实证研究的基础上，提出基于知识生产能力、知识传播能力和知识转移能力三个维度的协同创新过程模型和能力框架；其次，运用问卷调查的方式，将陕西省内从事产学研合作项目科研组织的样本数据进行收集整理，再运用定性和定量、理论与实证研究相结合的方法对数据进行分析总结。

第六章基于知识溢出的陕西区域创新能力研究。首先，本章对各地级市间的知识溢出进行测度和评价，运用熵权法从知识流动能力、知识创造能力、技术创新环境和经济创新绩效四个方面对陕西 10 个地级市的区域创新能力进行评价；其次，从经济发展水平、政府支持程度、人力资源水平、外商直接投资四个方面选取控制变量，将吸收的知识溢出和区域创新能力分别作为解释变量和被解释变量，采用固定效应模型进行回归分析；最后，绘制陕西 10 个地级市吸收知识溢出和区域创新能力的地区分布散点图，从地区异质性的角度分析知识溢出对区域创新能力的影响。

第七章产学研协同创新能力提升路径。本章分别从企业技术创新能力、产业技术创新战略联盟的协同创新能力、高校协同创新能力以及产学研区域协同创新能力四个方面探索产学研协同创新能力的提升路径，为促进产学研协同发展提供启发性政策建议。

第八章研究结论及展望。首先，对前面几个章节的结论进行概括总结；讨论本书的研究不足并为今后的研究方向提供展望。

二、研究方法

在研究方法上，遵循问题与方法匹配的原则，从研究问题出发，结合全书总体研究思路，采用如下方法：

（1）文献分析法。通过收集、整理文献资料，探究其研究问题与方法结论，分析其中的不足，提炼自己所需的研究内容，得出自己的观点看法。本书系统地梳理了国内外关于知识搜寻、企业吸收能力、知识共享、知识溢出、区域创新理论以及产学研协同创新的相关研究文献，分析以往研究中的不足之处，深入挖掘影响企业创新、高校创新、产学研协同创新能力以及区域创新的过程机制和关键要件，为构建本书的框架提供理论基础。

（2）理论分析。在理论研究方面，为深入研究产学研协同创新的动力机制问题，本书从"知识搜寻—知识共享—知识三角—知识溢出"四个视角出发，在协同创新理论、知识管理理论和技术扩散理论的基础上，以知识为背景分别研究产学研的协同创新能力和区域创新能力，将产学研协同创新看作一个知识流动的过程，涉及知识的搜寻、共享和溢出，从而揭示了产学研协同创新的核心机制和动力，强调了产学研协同创新中知识的流动和交互作用及力量。此外，本书构建了知识溢出影响区域创新能力的理论模型，并用此模型说明知识溢出为什么影响区域创新能力以及如何影响区域创新能力。

（3）实证分析。本书在研究陕西区域创新能力时，首先，运用熵权法从知识流动能力、知识创造能力、技术创新环境和经济创新绩效四个方面对陕西10个地级市的区域创新能力进行评价；其次，从经济发展水平、政府支持程度、人力资源水平、外商直接投资四个方面选取控制变量，将吸收的知识溢出和区域创新能力分别作为解释变量和被解释变量，采用固定效应模型进行回归分析；最后，绘制陕西10个地级市吸收知识溢出和区域创新能力的地区分布散点图，从地区异质性的角度分析知识溢出对区域创新能力的影响。

（4）问卷调查法。为了能够获取到更加接近实际的一手数据，往往采用问卷调查方法对于指定的调研对象发放并回收问卷，以此保证相关研究结论的准确性、可靠性和真实性，这一方法在社会研究中得到广泛的应用。本书在遵循问卷设计原则的前提下，借鉴国内外文献中广为应用的成熟量表，依据研究主题进行了必要和适度的改进，对企业和高校协同创新中心开展问卷调查，获取研究所需要的足够的、客观的样本数据，为理论研究提供实证分析基础。

第四节　研究思路与研究框架

一、研究思路

本书以"产学研协同创新能力提升"为研究核心，主要问题包括：知识搜寻如何影响企业技术创新能力、知识共享如何影响产业技术创新战略联盟的创新能力、知识三角如何影响高校协同创新能力以及知识溢出如何影响区域创新能力。

首先，本书将知识搜寻、吸收能力和企业技术创新能力纳入分析框架，分析知识搜寻对企业技术创新能力、知识搜寻对吸收能力以及吸收能力对企业技术创新能力的影响，同时探讨吸收能力在知识搜寻和企业技术创新之间的中介作用。

其次，本书基于产业技术创新战略联盟的特点，从知识共享过程出发，运用问卷调查和结构方程模型，实证分析联盟中知识共享的影响因素。

再次，本书从科学研究、人才培养和产业技术创新组成的知识三角的角度解答了"协同创新过程中高校创新能力的本质"和"如何通过提升高校创新能力来推动协同创新发展"两个方面的理论和实践问题。

最后，本书以新增长理论和技术扩散理论为理论依据，运用2012~2020年陕西10个地级市的面板数据，研究其知识溢出能力对区域创新能力的影响，并结合相关研究结论，提出企业技术创新能力、产业技术创新战略联盟的协同创新能力、高校协同创新能力以及产学研区域协同创新能力的提升路径。

二、研究框架

本书的具体研究框架如图1-1所示。

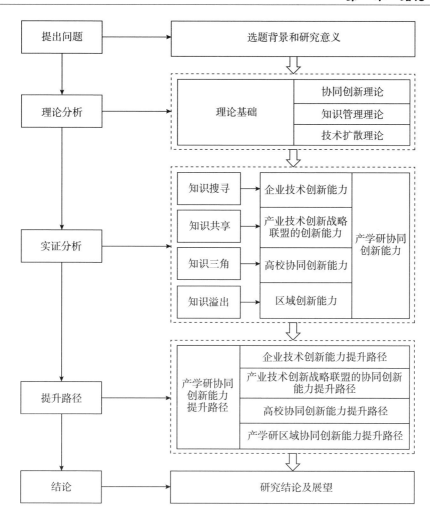

图 1-1　研究框架

第二章　理论基础

第一节　协同创新理论

一、协同学理论

作为复杂系统理论的重要内容，协同学最早由 Haken 教授提出。20 世纪 60 年代，Haken 在研究激光理论的过程中，发现自然界中存在一种合作的普遍规律，在其《激光理论》中，详细阐述了这一规律，并于 1969 年提出协同学这一概念。1972 年，在联邦德国召开的第一届国际协同学会议标志着协同学理论正式产生。1977 年、1983 年，Haken 教授相继出版多部有关协同学的著作，深入阐述了协同学的内涵，即在一个复杂系统中，各组成部分通过协作和集体行为，使得系统从无序变为有序，从而创造出比各组成部分单独作用更高的价值。

协同学是探讨不同系统协同作用及其效应的一门学科，近年来被广泛用于各类学科的研究中。其核心内容为：当某个开放系统与外界的能量、信息、知识等进行充分交换时，系统内部机构如何通过协同作用形成一个有序的网络，从而实现上述过程。借鉴耗散结构理论、自组织理论、混沌理论等诸多思想，协同学客观描述各类系统从无序到有序的演变规律（张兆宁和綦庆庆，2022）。

协同效应是协同学的关键和核心。在一个由多个组织构成的系统中，若各组织之间相互协作从而发挥协同效应，则系统属于自组织状态。虽然不同系统的性质存在一定的差异，但其新结构替代原有结构的过程，在机制上具有较高的相似性。协同学主要有三大基本原理，即支配原理、序参量原理和不稳定原理。

总之，协同学展示了系统从无序变化到有序的过程，其基本原理反映出系统是否平衡的关键，即各组成部分是否存在协同合作。只要系统是完全开放的，在符合某种条件时，都能够呈现出有序的状态。

二、协同创新机制

随着对协同和创新的深入研究，协同创新这一概念逐步引起了学者们的重点关注。学者们从多个角度对协同创新的概念进行了界定。陈劲和阳银娟（2012）、于天琪（2019）基于协同创新过程，认为协同创新指各市场主体在创新过程中，通过相互共享、交流、合作等方式，对新知识和技术进行共享，从而提高各创新主体的效率。程华等（2020）基于互动合作的视角，认为系统创新指多个企业由于共同的利益和诉求，进而开展合作，共同承担风险，共享信息，利用各自的优势资源，进而提升创新效率。李松亮等（2021）基于演化博弈视角，认为协同创新指在创新网络中，各个企业为了扩大自身利益，进而与其他企业开展合作，所形成的一种博弈关系。郭守亭和王芳（2019）基于知识转移视角，认为协同创新是知识在市场主体之间相互共享和扩散的过程。李杰等（2021）基于组织视角，认为协同创新指多个机构之间开展合作，进而实现资源共享和优势互补，从而创造更多价值的方式。薛莉等（2022）基于个人视角，认为协同创新指个体为了提高创新绩效，进而与其他机构开展合作的方式。黄宏斌等（2022）基于创新生态系统，认为协同创新指集群内部企业与外部企业在彼此合作条件下，产生一种协同效应，从而使得总价值大于单个企业产生的价值。

总之，尽管学者们对协同创新概念定义有所不同，但其包含的协同思想是一致的，即在集群创新网络中，各创新主体为了利益最大化，通过沟通、协调、合作等方式，进行信息、知识、资源的沟通和交流，创建相应的信息沟通机制，进而实现创新主体的整体协同效应。

基于协同创新的概念，协同创新机制可以调节创新集群中各主体的协作方式，在学术界得到了重点关注。该机制主要指在复杂网络中，各创新要素间的内在协作方式，是提升网络整体创新发展的策略的综合（黎友焕和吴锦梅，2019）。众多学者从不同角度探讨了协同创新机制：有学者从博弈论和方法论的角度，构建了包含政府、高校、企业三个主体相互博弈的协同创新模型，认为通过合理的机制三个主体间可以实现协同创新，并指出了影响协同创新的主要因素（苏妮娜等，2020）；有学者从知识融合的角度，并按照"非机器"隐喻认知的基本特性，构建了严格的协同创新机制（姜永常，2018）；有学者从创新生态系统的角度，将用户、企业、科研、政府和自然五个主体纳入一个生态系统中，构建了五重螺旋创新系统，认为协同创新机制包括生态互动方式和创新知识转化两个方面；有学者从两阶段博弈和演化博弈的角度，认为企业与科研机构之间存在博弈关系，尤其在政府的监管下，中小企业集群系统协同创新呈现出复杂的演化过程；也有学者从利益分配的角度，认为利益是各组织主体协同创新的动力，分配机制是协同创新机制中最为重要的一环。

从现有理论看，虽然不同学者从多个角度探讨了协同创新机制，但其主要思想基本相同，即所有的协同创新机制都是为了保障系统中各创新主体之间的协同合作，以实现共同利益最大化。

三、协同创新范式

协同创新模式的演变经历了从封闭到开放的过程，大致可分为四个阶段，具体如下：

协同创新的前范式。自从协同的理念产生后，企业将该理念应用于日常的新产品创新中，并产生了协同创新的前期基础，即协同制造。该方式主要是利用互联网信息技术，改造组织的运营方式，使得各组织间能充分合作，实现资源共享。其关键在于同类型的组织之间开展整合，从而实现对资源的充分利用。还有学者从系统的角度，探讨了技术创新、制度变革对创新过程的影响机理。其中，肯尼斯阿罗认为，知识是一种公共产品，具有不可分性、非排他性、非专有性等，且无法通过激励制度实行专业化分工。所以，市场无法通过自身的调节实现知识的供给。因此，政府有必要对大学、科研机构进行资助。在该思想中，在知识创造过程中，企业、大学和政府承担了不同的分工，即大学承担知识生产和分配职能，企业将知识产业化并获利，政府培育并完善创新环境。同时，该思想还将科学和技术分开，认为科学知识是公共产品，但技术创新是私有产品。因此，可以通过专利等一系列的激励措施，通过建立协同合作组织，有效推动技术创新。

协同创新的延伸范式。21 世纪以来，互联网、半导体、人工智能等新型产业的快速发展，引起学者们的重点关注：如何制定促进科研成果转化的政策，尤其是如何加强企业、高校和政府间的合作，以利用资源共享等途径，实现成果创新。因此，对于各创新主体而言，合作创新越发得到重视。在早期的合作创新中，主要是研发企业间的联盟，利用彼此的资源优势，提升协同创新效率。该模式下，各创新主体间共享资源，形成稳定的组织架构，并与外界保持距离，其重点在于对合作组织内部的资源进行整合，并通过知识产权制度保护各方利益。随着合作创新的深入，合作的范围不断扩张，边界不断延伸，合作创新的主体包括企业、高校、研究机构等。此时，"萨瓦托三角" 理论应运而生，认为知识的生产和应用由企业、研究机构、政府三者共同完成。而"三螺旋" 理论则要求高校、企业和政府等主体，在知识生产和应用过程中，以联动键和螺旋模式开展合作创新，通过资源共享利用以减少不同组织间的壁垒，其协调创新过程主要包括：政府制定知识产权方案保护高校和企业的知识生产、大学产生知识并进行孵化成企业，而企业将产品应用于市场，进而回报教育。

协同创新的展范式。随着信息化、全球化的推进，位于创新网络中的不同组织、企业、高校逐步意识到，完全依靠自身进行创新已经无法实现知识变革，必须开展系统化的协同合作。在此背景下，产生了"开放式创新"模式，即强调不同组织间的可渗透性，通过利用不同资源实现协同创新。对于高校而言，学术研究能力是其根本，凭借其高质量的学术能力，可成为各种研究项目的主体，为开放式创新提供源泉。同时，高校又承担了人才培养的任务，通过与企业的合作，将科研能力强的人才输送到企业，从而提升企业的创新能力。对于企业而言，在激烈的市场竞争中，尤其是产品周期的缩短对企业创新的速度和质量都提出了更高的标准，而企业自身往往难以符合这一要求，需要与外部的创新组织开展合作，进而将外部创新思想与内部的需求紧密结合，构成一种开放式创新模式。

在开放式创新的基础上，又产生了以国家创新系统为代表的技术创新理论，即协同创新的集成化。该理论主要包括国家技术创新体系、国家创新体系和国家知识创新体系三个阶段。其中，在国家技术创新体系阶段，基于技术创新理论等认为，通过技术创新、技术流动以及创新主体之间的协同，可实现技术进步。在国家创新体系阶段，基于内生人力资本理论、新增长理论等认为，除技术创新外，还强调知识生产、传播、应用在经济发展中的贡献。因此，应重视新知识、新技能和新技术，重点关注知识传播、人员流动等创新体系建设。在国家知识创新系统阶段，基于知识经济理论，将知识共享、知识搜寻、知识吸收等理论纳入创新体系，并将新知识作为创新的源泉，强调新知识的流动和应用是促进协同创新的根本。

四、"螺旋"创新范式

"螺旋"创新范式是当前较为流行的一种协同创新范式。该范式主要经历了"三螺旋""四螺旋""五螺旋"三种演变过程。在采用"螺旋"创新范式分析协同创新网络时，不仅要阐明参与创新的各种要素，还要考虑彼此之间的关系，要将各类创新组织间的协同合作作为重要的考察对象，从而使得创新组织的协作成为关键。

"三螺旋"模型以高校、企业和政府为研究对象，侧重考察三者之间的关系，强调三者在知识创新过程中的关联，主要包括企业提供知识和技术，企业将知识产业化，政府提供创新环境和政策。该模型能够准确反映不同创新主体在知识创新中各自承担的任务和职责，也与现实情形紧密联系。

在"三螺旋"模型的基础上，有学者将公众引入其中，从而将模型演变为"四螺旋"，该模型同时考虑了高校、企业、政府和公众四者在协同创新中的交互关联。其中，侧重强调公众所发挥的作用，尤其是公众需求和反馈对于未来协同创新的影响。从而进一步强调了除政府外，市场力量对于创新绩效的作用，反映社会价值对于创新的引导作用。由于引入了公众这一主体，"四螺旋"模型更加突出知识社会的重要性，注重知识社会化对知识创造的作用，进而要求知识创新要与社会需求相一致，使得原本封闭的产学研创新体系更加开放。

由于传统经济的快速发展以资源和环境为代价，进入 21 世纪以来，各类环境问题得到前所未有的重视，生态环境效益也被纳入各类经济发展评价指标。为了应对各类环境问题，如提高能源效率、减少污染排放等，都需要知识创新。故而，自然环境被作为知识生产和创新的重要驱动力。因此，在"四螺旋"的基础上，有学者将自然环境纳入模型，构建了"五螺旋"模型。该模型强调在知识创新中，要考虑自然环境的约束，创新要符合可持续发展的要求，实现生态、知识和创新的多赢，从而体现人与自然和谐统一。可以发现，"四螺旋"和"五螺旋"更加强调知识创新要因地制宜，要求结合当地的现实情境，而非外部的典型案例。该模型要求在知识创新活动中，各主体要按照"适宜性"原则，而非"最优"原则。与"三螺旋"和"四螺旋"模型相比，"五螺旋"模型在探讨产、学、研、用的基础上，引入了自然环境维度，更加将创新与自然环境相结合，故而更能全面地反映创新系统的演化（刘畅和李建华，2019）。

当然，尽管上述三个模型存在递进的关系，但是每个模型的研究对象、研究内容和重点并不相同，且随着经济社会的发展，又可能会引入新的维度，从而演变成"多螺旋"模型。

第二节　知识管理理论

一、知识的概念和特性

（一）基本概念

关于什么是知识，众多学者给出了不同的定义。Purser 和 Pasmore（1992）认为，很难对知识进行准确的定义，因为知识是一种有效的信息，是已经被认识到并应于生产的信息，用以制定决策的事实、模式、基模、概念、意见以及直觉的集合体。信息一旦经过人的大脑加工，就会成为知识，而将知识清晰展现出来又变为信息，故而信息是知识的源泉，知识是信息的升华。何雄浪和王舒然（2021）认为，知识是一种信息，能应用于人或事物，不仅包括使信息成为行为基准的模式，还包括通过对信息的使用，使得某些个体产生新的有效行为的基本模式。朱丰毅和桂文林（2022）认为，知识类似于液体，具有流动性，主要包括结构化的隐性经验、特有价值、特殊信息以及专家敏锐的洞察力。

1998 年发布的《关于知识经济与国家知识基础设施的研究报告》中，对"知识"做出如下定义："经过人的思维整理过的信息、数据、形象、意象、价值标准以及社会的其他符号化产物。"由此可知，知识是包含结构化的经验、价值观、文字和信息、见解、感知、事实、判断以及经验法则的综合，起源于人类的思想。知识存在于各个方面，如文件、存储系统、日常工作流程以及规范准则中等。

（二）知识的特性

知识的非易损性。在经济学中，物质资本在使用过程中，都会面临损耗及折旧的问题，导致资产的实际价值下降。但对于知识而言，并不存在这一现象，因为知识在使用和传播过程中并不会折损，反而会创造新的价值，即存在边际效用递增的规律。

知识的稀缺性。与其他的要素资源相似，知识作为一种要素，同样存在稀缺性。对于一个组织而言，其拥有的专利、标准、品牌、制度、文化、流程、商业机密等具有核心竞争力的内容，都表现为稀缺性。当然，在知识经济时代，知识对于任何组织而言都是稀缺的，虽然知识可以无限传播和增值，但都是在一定的条件和环境下实现的，同样只会给特定的组织和人群带来收益。

知识的内隐性。该特性主要表现为知识内嵌于知识主体，难以与主体分开。在大多数情况下，知识是"隐性"的，在其以信息的形式被传递前，大多数知识都无法用语言清晰地表达出来，而只能蕴含在日常的行动中。这种"隐性"的特征在很大程度上制约了知识的传播。

知识的分散性。在一个组织中，知识的载体可以是员工、制度、工艺等，随着组织体系的扩张，甚至还会出现多个分支，从而涉及组织的各个方面。当知识位于员工的大脑中时，无法像其他生产要素资源一样被任意使用，故而价值无法衡量。在不同的情形中，知识的价值会因使用对象不同而存在差异。

知识的黏滞性。由于知识要依附于某个特定的主体，如员工、设备、制度等，且主体较为分散，故而知识缺乏流动性，即难以得到很好的传播，特别是从一个组织传播到另外一个组织，这就是知识的黏滞性。

（三）知识的分类

知识有多种分类方式，其中最常见的是根据显示方式进行分类，即知识可分为显性知识和隐性知识。显性知识指通过人的理解、分析和整理后，可以对知识进行度量或编码，并以图像、文字、公式等形式展现出来，还能利用常规的传播途径（如论文、报纸、网络等）进行传播，以便于他人学习和利用。创新价值较高的显性知识主要有专利、技术发明等，存储在计算机、数据库、书本等中。显性知识具有可表达、可编码、可累积、有物质载体等特点。隐性知识又被称为"隐秘知识""不可见知识"等，主要指那些无法或者尚未被文字或者其他常见形式表达出来的知识。例如，在从事某些工作中做出的自然反应，就是一种隐性知识。隐性知识本质上是一种理解能力，是长期积累的某种经验、感悟，但往往很难予以表达，更无法进行存储。两种知识的差异如表2-1所示。

表 2-1　两种知识的差异

类型	显性知识	隐性知识
根本区别	客观的	主观的
主要特征	容易记录和传播	难以记录和传播
	理性的	经验的
	顺序的	即时的
	思维的	身体的
	数字的	模拟的
	理论的	实践的

（四）知识的层次

根据知识主体的不同，知识可以分成以下四个层次：

一是个体知识。个体知识主要指个人所拥有的技能、经验等方面的知识，存在于个人的脑海中，并且随着个体差异而不同。同样，个体知识也分为显性知识和隐性知识。其中，个体的显性知识指可以通过图像、语言和文字进行表达的，如个人技能、学识等，易于共享、传播。个体的隐性知识指员工个人具有的经验、价值观、行为当中的知识表现，在一定程度上可表现为个人的观察力、意志、感染力等，这些知识难以被借鉴和学习，且不易传播。

二是团队知识。主要指团队成员在交往和互动中形成的各类知识，也分为显性知识和隐性知识。团队的显性知识主要指团队在形成和合作过程中所制定的各项规则、制度、规范文件等。隐性知识主要指成员在日常交流中，通过学习、借鉴、领悟等，形成的只可意会不可言传的知识，如团队集体掌握的技艺，形成的默契度、合作精神等。

三是组织知识。主要包括高校、科研院所等，组织知识不能脱离于其内部的成员而单独存在，同样也并非将组织成员的知识进行简单的重叠得到，而是在运营过程中，将外部知识与内部成员的知识相结合、创新与应用。与个体知识和团队知识不同，组织知识具有典型的特征，如难以模仿和强依赖性，同样可分为显性知识和隐性知识。显性知识包括组织的发展目标、规划、管理制度、工艺流程等。隐性知识不仅包括组织层面的技巧、经验等，还包括组织的文化、价值导向等。

四是集群知识。对于整个产业集群或创新网络而言，本质上都是多个企业和机构的合作、共享，那么在相互协同合作的过程中，会必不可少地形成各项制度、规范、经验以及创新成果等，这些都属于集群知识的范畴。

二、知识搜寻理论

（一）知识搜寻的概念

搜寻一词可追溯到 Cyert 和 March 在《企业行为理论》一书中提到的"组织搜寻"，它作为企业行为理论中三大基本主张之一而受到普遍重视。搜寻活动对于支持企业解决自身问题、适应外部环境变化具有重要的作用，已有研究中关于知识搜寻的定义主要聚焦于两个视角。企业行为理论将搜寻视为一种旨在解决问题、寻找机会的行为（Gavetti et al.，2012），一方面，其被视为以企业产生的问题为主要驱动、以寻求问题解决方法为目标、通过搜寻组织边界内与边界外的有关知识、协助企业处理经营中遇到的绩效与新产品开发问题的问题解决型行为，又称问题驱动型搜索；另一方面，组织冗余又被视为能够引发企业搜寻的一个因素，在冗余资源较多的情况下，企业为了寻找新的增长机会而进行搜寻活动，这就是所谓的冗余驱动搜寻。

演化经济学认为，搜寻既是解决问题的方法，又是组织学习过程中与环境相适应的企业行为，它强调了获得多样性资源输入对于企业创新与竞争优势的重要作用，指在不确定环境下，以解决问题或寻找机会为目的的信息收集与组织学习过程（Huber，1991），需耗费成本，且会对路径依赖与学习机制产生一定影响。多变的外部环境对搜寻具有驱动作用，表现为环境动荡性、轻度市场竞争和行业技术水平较低（Han et al.，2020）。

开放式创新实践背景下，以组织学习为基础的知识搜寻活动不断出现，企业日益依赖通过多种外部渠道获取新知识、新技术（冯立杰等，2023），在创新管理与战略管理领域中，知识搜寻渐成重点关注对象。企业通过知识搜寻可以广泛获取创新所需的各种显性或隐性知识（Nishikawa and Kanama，2019），如顾客需求、合作伙伴信息、管理实践、市场动态和技术发展趋势等（Ferreras-Méndez et al.，2019）。搜寻外部可得知识已被视为创新过程的重要组成部分（Von Krogh et al.，2018），被认为是继组织内部研发和外部收购后，提升组织竞争优势的第三条途径。关于知识搜寻的界定，主要基于以上两大理论流派的划分，其中企业行为理论将知识搜寻视为问题解决活动之一，即企业从组织边界内和组织边界外寻找有关知识，并且通过对这些知识的整合、重构与创造，帮助企业应对经营过程中所面临的问题（蒋丽芹等，2022）。

（二）知识搜寻的测量

就知识搜寻测度的总体情况而言，现有研究衡量它的途径与方法大体可划分为两大类，即间接测量方法和直接测量。具体而言，间接测量方法可分为两种不同类型：一是用企业申请专利的数据内容对组织搜寻进行度量，尤其是对企业专利所述专利引用（Paruchuri and Awate，2017）进行度量；二是利用专利引用次数衡量企业的知识搜寻情况（周文强等，2021），此外，也有一些研究采用技术邻近性或技术相似度（Guan and Yan，2016）对企业知识搜寻进行度量。

与间接测度相比，直接测度近年来得到越来越多的关注，许多研究都将其用于对企业知识搜索进行度量，特别是与外部知识搜索相关的研究。直接测量方法主要指用调查问卷测度企业的知识搜索，而且问卷调查可以被进一步划分为两种类型：政府机构等第三方所发出的调查问卷，以及研究者们自己所执行的问卷。由于公司专利数据库的缺失，国内学者很难获得足够的数据，因此，大部分的研究都采用了问卷的方式（叶江峰和陈珊，2021；胡谍等，2022）。现有研究发现，关于知识搜索的测度方式主要包括搜寻宽度与搜寻深度、技术知识与市场知识、地理纬度等。

（三）知识搜寻的划分

学者们从多个角度定义了组织搜寻的边界，已有研究主要从组织边界、知识类型、地理边界、认知距离、知识内容等角度划分搜寻边界。

基于组织边界与技术边界研究组织搜寻，于传鹏等（2020）将知识搜寻分为四类：局部搜寻、组织内的知识搜寻、组织外的知识搜寻以及极端式搜寻。其中，局部搜寻指对相关或相近的知识搜寻，这些知识搜寻出现在组织和技术边界内；组织内的跨界搜寻指在组织内的不同技术单元间展开的知识搜索活动，通过组织内的知识转移实现知识的共享和互补；外部知识搜寻主要是搜索组织范围外有关领域的知识。根本性的搜寻是在企业外部进行的跨领域的搜索。基于搜寻距离将组织搜寻划分为本地搜寻与远程搜寻，Piezunka等（2015）以搜索内容为基础，将搜索划分为两种类型：认知搜寻和经验搜寻，两者之间存在着一定的相关性，经验搜寻更适合于局部搜寻，而认知搜寻更适合于远程搜寻。本书认为，在进行组织搜寻时，应注意搜寻过程中的因果关系。

类似地，基于地域距离和地理特征，Edmondson和Harvey（2018）将组织搜索分为区域搜寻和远程搜寻。其中，区域搜寻强调在接近或具有类似区域特点的区域进行搜寻，以获得与企业现有知识基础相关的知识；在远程搜寻中，搜寻的知识是一些地域上比较遥远，需要跨区域边界的，而这些知识与现有知识基础之间的相关性不大，还有可能是不同领域的。在对2652个创新企业进行调查的基础上，学者Ruiz-Pava和Forero-Pineda（2020）将组织搜索分为地方搜索和国际搜索，从而扩大了组织搜索的地理范围。其中，本土搜索指公司在当地进行的对外部知识的搜索，而国际搜索是公司跨越国界，在全球范围内获取外部知识。然而，组织搜索往往存在一定的路径依赖，因此，为了降低搜寻风险和搜寻成本，企业往往更倾向于借鉴过去的经验，选择区域搜索。本地搜寻是一种随着环境变化而发生的自发反应，本地搜寻所获得的知识具有一定的"交叠"性，仅加强企业已有的知识基础，并不能彻底激发其新的想法，制约了企业创新活动的开展。

基于行为特征和内容属性，Ferreras-Méndez等（2015）将知识搜寻划分为两个维度：一个是搜寻深度，另一个是搜寻宽度。其中，搜寻宽度表示外部知识源的类型和搜寻渠道的数量，搜寻深度表示组织对外部知识的凝练和开发利用的程度。但由于企业对知识搜寻的投入有限，因此，企业需要通过合理的搜寻策略来维持搜寻宽度和深度的均衡，以避免资源竞争，进而影响企业的创新能力。另外，根据搜寻方向及搜寻方式的差异，组织搜寻又可分为探索型搜寻与利用型搜寻。其中，探索型搜寻指将新的知识和现有的知识进行耦合，着重于知识的创造；利用型搜寻的主要目的是优化和扩大企业中现有的知识，并着重于知识的更新。并且，两种搜索方式并非各自独立，而是在一个组织的搜索过程中共同使用。所以，如何在两种搜索模型间取得均衡发展，成为企业知识管理研究的焦点（Prior，2016）。

三、知识吸收理论

（一）基本概念和特征

知识吸收能力的概念由 Kedia 和 Bhagat（1988）提出，指组织及其成员根据自身需求吸收外部知识源，将其整合、吸收、转化且用于创新的能力。该能力需要一定的时间积累才能形成，且存在显著的路径依赖性。当然，这一理论的前提是企业能够准确了解自身的需求，并能够充分利用好新知识。由此，产生了相对吸收能力的概念，认为这一能力对于组织间的知识转移更为重要。朱俊杰和徐承红（2017）从企业和区域两个角度定义了知识吸收能力，对于企业而言，吸收能力指企业能获取、吸收、消化有价值的知识源，并将这些知识应用于企业创新活动从而获取收益的能力。对于区域而言，吸收能力既包括区域内部各主体吸收能力的集合，也包括各主体之间的交互作用。总之，尽管学者们从不同角度定义了吸收能力，但学者们均认为吸收能力涉及范围较广，且最终目标是将外部知识与内部知识相结合，产生新的知识以获取利益。

知识吸收能力的关键思想是外部资源对于企业而言十分重要，企业获取外部资源，并维持其在市场中的优势地位，就必须保持与外界关联，通过不断获取、吸收学习外部资源，产生创新成果。因此，吸收能力是企业不断发展、壮大的核心驱动力，吸收理论也成为研究企业创新、绩效等内容的重要工具。对于企业而言，其吸收能力强弱是决定产学研合作成功与否的关键，而企业对隐性知识的吸收能力更是重中之重。企业的吸收能力越强，产学研合作对创新绩效的提升效果越好。企业吸收能力是其开展合作、学习知识的重要手段，对其提升创新绩效具有举足轻重的作用。刘璐和杨蕙馨（2018）研究发现，只有增强本土企业的吸收能力，跨国公司的技术创新才能促进东道国的创新绩效的提高，即外部知识源和企业的吸收能力决定了跨国公司的技术溢出效应。在以中国为对象的研究中发现，东道国企业利用与跨国公司的互动与学习，以及雇用员工而获取技术。叶传盛和陈传明（2022）认为，企业吸收能力十分重要，能促进创新绩效提升。尤其在具有相同知识和信息水平时，吸收能力高的企业能够更加有效地利用外部的新知识，从而取得更高的创新绩效。吸收能力的强弱还与外界环境有关，尤其是知识产权的保护力度。知识产权保护力度越强，知识吸收能力的作用越显著。在产学研创新体系中，吸收能力可提升企业的竞争优势，在掌握更多话语权的同时，提升系统协同创新绩效。

因此，在知识转移过程中，要将知识从一种潜在效应转化为现实效益，最终取决于接受方的吸收能力，具有较高吸收能力的企业才能更好地利用外部企业的知识溢出。

（二）知识吸收能力的维度

根据学习方式的不同，有学者将知识吸收能力分为两个维度：探索式学习能力和利用式学习能力。前者指企业获取知识的能力，而后者指企业对获取知识再创造的能力。还有学者将知识吸收能力划分为三个维度，分别为知识筛选能力、知识消化能力和知识应用能力。缪根红等（2014）将知识吸收能力划分为四个维度，即获取、吸收、转换和应用，前两个维度是基础，后两个维度是升华，在保障知识积累基础上完成知识吸收过程。还有学者将知识吸收能力分为两类：潜在知识吸收能力和实际知识吸收能力，前者表现为知识获取和吸纳，后者表现为知识转化和开发利用。知识获取能力指企业能从外部海量的知识中，筛选出适合自身需求的关键知识，并进行知识转移的能力。知识吸纳能力指企业能对外部的知识进行解码，以便于自身的吸收和知识转移。知识转化能力指企业能将外部知识与内部知识进行整合和转化。知识开发能力指企业能在获取知识的基础上进行创新，从而产生新的成果。

除此之外，知识吸收能力还可以分为内部支持和外部支持。前者指企业自身学习能力、学习倾向等对创新活动的影响。企业的学习能力越强、倾向越强烈，则企业创新绩效越高。外部支持主要指企业利用网络识别外部资源，从而实现技术创新，包括外部知识网络、组织与外部知识网络的知识共性。当企业与外部开展密切的关联时，不仅能产生更多的知识，还能获取并吸收更多的知识，从而提升自身的吸收能力。

四、知识转移理论

（一）知识转移的概念

"知识转移"的概念最早由 Teece（1977）提出，指知识从一个知识主体向另一个知识主体的迁移。他认为通过知识转移，企业能够获取更多有用的知识，在转移过程中实现了技术的扩散，从而缩小不同创新主体之间的技术差异，有利于企业和地区的发展。知识转移是知识管理的重要组成部分，基本原理是知识在不同单元之间进行转移。范柏乃和余钧（2014）将知识创新活动分为四个模式：社会化、外化、整合和内化。与之对应的是个体知识之间、隐性知识之间转化；个体与团体知识之间、隐性到显性知识之间转化；团体与组织、显性知识之间转化；组织与个体、显性到隐性知识之间转化。其中，知识从隐性到显性的转化过程，是最为重要且最难的阶段。这主要是因为对于隐性知识而言，存在难言性和不可预见性，这无疑提高了转移的难度。

也有学者对知识转移给出了不同的定义。Szulanski（1996）认为，知识转移是一项过程运动，新知识在产生之后，会通过在各创新主体之间的转移、交流，不断推陈出新，产生价值。Seufert 等（1999）认为，知识转移包括沟通交流和认知吸收两个过程。Davenport 和 Prusak（1998）给出了知识转移的表达式，即知识转移＝知识传达＋知识接收。知识转移是一个从知识供给方向知识需求方传播的过程。辛冲等（2022）认为，在知识转移过程中，各组织成员会利用一系列方法实现技术、知识信息的共享，由于知识不断变换、交互、更新，还会从某一场所转移到另一个场所。

（二）知识转移模式

根据上述关于知识的分类，知识转移模式由显性知识和隐性知识在个人、团体、组织以及集群之间交互所构成。该模式主要包括三个步骤：一是延伸和凝聚。前者指知识从高势位向低势位的流动过程，而后者则与之相反。两者之间产生知识的交互，内容大多为隐性知识，主要发生在某一特定层次。二是形成文化，主要探讨如何表达隐性知识。内部化指将外部的显性、隐性知识转化为内部组织知识。隐性与显性知识的交互过程称为交通，由此产生现实的知识。隐性知识与显性知识在不同层次的交互则是知识的转移扩散。三是同化与传播，指将显性知识或隐性知识进行变换和更新，并从一个领域转移到另外一领域。

庄招荣和郭东强（2013）采用五阶段模型研究了知识转移过程，主要包括：知识获取，指组织或成员通过知识搜寻、查阅等各种方式，获取外部的知识源。知识沟通，指对影响知识转移的重要因素进行分析归纳，进而建立良好的沟通渠道，以保障知识转移的有效性。知识吸收，指知识的流通与传播不是局限在组织的某个层面，而是扩展到组织及其成员的各个层面。知识同化，指知识接收方在获得新知识后，要予以吸收和理解，并与自身的需求相结合，使其成为自身知识的一部分，从而使得所有成员都能受益。这是知识转移过程中最为重要的一环，决定着知识转移的成功与否。知识应用，指组织在获取知识后，将其应用于运营中，解决相关问题，产生新的知识，以最终实现知识转移为目的。

由于组织成员的差异，导致知识转移在层次、方法、时间等方面有所不同，但不论是何种组织，知识转移的基本原理是相同的，都会使组织成员获得所需的知识源，并加以吸收、消化、整合、创新和应用。

（三）知识转移的影响因素

一般来看，影响知识转移的因素有知识输出方、知识接收方、共享机制、交互机制等。对于很多企业而言，知识转移的收益是其首先考虑的目标，因此各成员的交互合作更为广泛。在这一情形下，文化差异是影响知识转移的重要因素。故而，要实现知识转移的共同目的，各成员都必须努力提升自身的技术水平，保持紧密合作，求同存异，以更加开放和包容的心态开展彼此之间的合作。知识尤其是隐性知识难以表达的特征，是影响知识转移的重要因素，特别是一些经验、感悟只能通过在实践中摸索才能产生，很难通过文字、图形等形式予以转移。除此之外，接收方的学习吸收能力也是决定知识转移的关键，知识的转移不仅要求输出方将知识准确地表达出来，同样要求接收方具备相应的知识接受能力，如拥有知识整合和应用能力，才能顺利完成知识转移过程。

在国内关于知识转移的研究中，认为知识的特殊复杂度、合作者的信任度、组织结构、文化差异距离等都是影响知识转移的主要障碍。对于产业技术创新战略联盟，一般认为知识转移的影响因素有：①知识主体相似性，主要包括文化背景、认知水平、技术能力以及知识存量等，当上述方面存在某种相似度时，则相似程度越接近，知识转移就越容易，这无疑会提高知识转移的成功率。②环境的不确定性，指知识转移过程中要依托的某种环境，如市场需求、政府政策、技术水平、企业合作意愿、创新理念、社会文化等，这些条件会在一定程度上影响知识转移的有效性。③知识传播限制条件，知识传播过程涉及各种不同的传播工具，畅通的传播渠道和丰富的传播手段必然会有助于提高知识转移能力。④内容的有效性，知识传播时能否表达清晰、便于理解，会成为影响转移效率的重要因素。⑤干扰因素，在知识转移过程中，还可能会存在一些干扰因素，如双方的合作意向和信任程度。

综上，知识转移的主体为企业、高校、研究所等，而影响知识转移的主要因素是知识输出方的意愿和能力，知识接收方吸收和整合知识的能力，隐性知识的表达难易性，转移主体之间在教育背景、文化、理念、结构等方面的差异性，以及组织外部的制度规则、市场环境、政策等。

五、知识共享理论

（一）知识共享的定义

知识公共性、非排他性特征使知识能够被共享和重复使用。知识共享的范围越大，知识主体越多，知识的价值越大。故而，知识共享是组织及其成员获取知识的重要途径，是知识管理的重要环节。随着对知识管理的深入研究，知识共享的作用得到了前所未有的重视，众多学者对知识共享进行了定义。Hendriks（1999）认为，知识共享是不同知识主体间的沟通过程。知识共享主体包括知识拥有者和知识重建者，前者必须愿意共享知识，且需通过对方愿意的方式进行沟通。后者具有认识、接受并整合知识的能力。由于知识附属于各个知识主体，无法随意流动，在知识共享中，一个主体要学习另一个主体的知识，应先具备相关的知识基础，才能接受并吸收新的知识。因此，只有在相互理解和尊重的前提下，知识共享行为才能顺利进行。周志刚等（2021）认为，知识共享是一种知识的传递过程，即从输出知识再到接收知识的过程。司慧迎和邹平（2021）认为，知识共享是通过组织成员之间的沟通与交流，将个体知识转化为组织知识的过程。还有学者认为，知识共享是一个过程，包括知识吸收和知识共享，只有通过知识的吸收和再利用，才能实现知识共享目标。

总之，尽管学者们对知识共享的定义有所差异，但本质上是一致的，即知识共享是知识提供方通过多种方式将知识分享给接收方，后者对知识进行整理、创新和再利用的过程。知识共享的途径主要有专利授权、技术推广、学习、培训等。值得一提的是，知识共享并非知识扩散，在知识传播过程中，是存在组织边界的，不是无目标的，而是有目标、有方向、有计划的传递。如果知识从甲方共享给乙方，第三方若没有参与其中，则很难获取到该知识。

（二）知识形态转换

知识共享的关键是对知识进行吸收、整合及同化，故而知识转移的过程是隐性知识与显性知识融合的过程。知识共享理论中，最为著名的是 SECI 模型（Nonaka，1995），该模型将知识划分为隐性知识和显性知识，在创新过程中，知识转化分为四个过程，即社会化、外部化、组合化和内部化。这一过程也是隐性知识和显性知识互动转化的过程，即知识增值创造新知识的过程。对应知识转化的四个过程，也存在四个"场"，分别为初始场、交互场、网络场、练习场，如图 2-1 所示。

根据 SECI 模型的思想，可得到知识共享的四个阶段，分别如下：

一是社会化。指一个知识主体将隐性知识通过非语言的形式表现出来，其他主体则通过学习掌握了这一知识，即隐性知识在主体之间共享。主要表现为知识主体之间的学习、模仿和借鉴。

二是外部化，指隐性知识转化为显性知识的过程。此时，知识的本质发生根本性改变。在该过程中，隐性知识通过特殊的表达方式，如交谈、对话或者其他肢体语言表达出来，这是外部化的主要过程。由于主体的表达能力、意

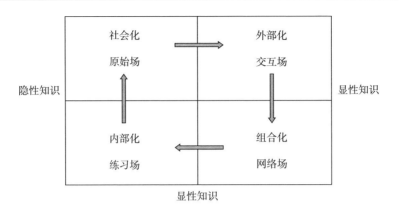

图 2-1 知识共享 SECI 模型

愿、环境等因素的制约，外部化的过程往往存在诸多阻力，难以顺利实现。此外，个体的显性知识迅速传播到组织中，会再次外化为组织的显性知识，这一过程事实上是知识由感性认知到理性认知的过程。

三是组合化，指将外化出的显性知识与内在的知识源进行重新组合的过程。在这一过程中，事实上是将不同知识组合创新，并系统化显性知识。组织成员通常要利用各种方式，在组织中传播、交流知识，为进一步知识创新做好准备。

四是内部化，指组织的成员在接收到新的显性知识后，会利用所掌握的各种方式，将显性知识内部化为隐性知识的过程。内部化主要反映了知识共享的最终效果，即在知识共享过程中，个体能获得多少知识。

（三）知识共享的影响因素

从现有研究看，知识共享的影响因素主要包括四个方面，即知识共享的主体、客体、途径与环境。知识共享主体指参与知识共享的组织及其成员，即知识输出方和接收方。客体指被共享的知识本身，如显性知识和隐性知识。共享途径主要包括知识从一方传播到另一方的方式，如交谈、互联网等。环境因素则包括知识共享的氛围、条件、激励机制等。

1. 知识共享主体

知识共享主体层面的影响因素主要包括共享意愿、共享能力、信任关系等。

共享意愿指知识输出方分享知识的意愿大小。知识作为一种要素资源，无论对于组织或个人而言，都具有很高的价值，尤其是一些具有独特价值的知识。在此情况下，知识的拥有者往往不会轻易将知识分享给其他人，知识共享的意愿比较低，则共享效果自然不佳。因此，知识共享的有效性在一定程度上取决于知识输出方的共享意愿。很多学者表明，无论是个人还是企业，知识都是维持其核心竞争力的手段，如果全部分享给别人，自身利益就可能会受损，故而知识输出方的态度、行为、信心等都会影响共享效果。对于具有核心知识的组织或个体，其在竞争中具有较高的优势地位，故而将知识共享给其他组织或个体的机会成本较高。因此，如果缺乏相关的激励机制和知识产权保护机制，组织共享的意愿会较低，从而影响知识共享效果。

共享能力指组织之间进行有效传递知识的能力，主要包括两个方面：知识输出方传授知识的能力和知识接收方吸收、整合知识的能力。在共享过程中，如果知识共享双方都具有较高的文化素养和知识储备，即知识输出方能清晰地表达出知识，知识接收方能容易吸收消化知识，则共享效果就会越佳。反之，知识输出方和接收方中，只要任意一方不具备上述能力，则最终的共享效果就会大打折扣。

知识共享主体间的信任关系是知识共享的必要前提，信任能够促进知识的有效共享。主体之间的信任度越高，越能促进主体之间的沟通，促进知识的交流与融合，提高共享的效果；反之，若主体之间缺乏信任，则难以开展组织间的知识共享。

2. 知识共享客体

知识共享的客体层面的影响因素主要包括知识的隐性、知识的差异性、知识获取的难易性等。

知识的隐性指相对易于表达和理解的显性知识而言，一些知识难以通过文字、图片、视频等方式准确表达出来的特性。隐性知识难以表达和理解的特性会对知识的传播产生很大障碍。

知识的差异性指不同主体所具备的知识存在差异。由于知识主体的差异，知识差异先天存在，在此背景下，知识主体之间的学习、沟通才能得以正常进行，从而获得有价值的知识资源。此外，知识共享还是组织获取新知识的一种低成本方式，可以有效降低企业的经营成本。

知识获取的难易性指知识的特性与共享主体间的知识势差，知识获取难度越大，知识共享效果越差；反之，知识获取越容易，则共享效果越好。故而，知识获取的难度会严重制约知识的共享效果。

3. 知识共享的途径

知识共享的手段主要指知识传播的手段，如信息与合作技术（ICT）。ICT能够对知识进行编码与系统化，为知识共享提供技术支持。ICT可以让知识共享主体以语音或视频的形式进行面对面的交流和沟通，减少时间和空间的限制，降低知识共享的物理障碍。因此，ICT减少了知识共享的成本，让知识共享变得更为容易和有效，从而提升了知识共享的效果。

4. 知识共享的环境因素

知识共享的环境因素主要包括共享文化和激励机制。共享文化是组织在长期发展过程中形成的一种特性，会影响到组织成员的共享意愿和行为，从而影响到共享效果。在利己主义思潮的干扰下，知识输出方为了获取更大利益，可能会隐藏重要知识，一旦出现这种情况，知识共享和知识创新就会受到抑制。对于知识接收方而言，如果成员间缺乏信任，对于输出方的知识产生怀疑，则可能拒绝新知识，进而抑制知识共享。

激励机制是影响知识共享的重要外在因素。由于知识共享涉及知识主体自身利益，一般不会轻易分享自己的知识给他人。故而，需要建立一整套的激励机制，鼓励知识拥有者分享自己的知识，激发组织成员参与知识分享的热情。当组织具备完善的激励机制后，知识共享的意愿和效果会得到大幅提升。

六、知识溢出理论

（一）知识溢出的内涵

"溢出"一词源于物理学的概念，指容器中的气体、液体或固体等物质溢出来。在经济学中，溢出的对象主要指无形的知识、技术、人才等，是社会环境中人或组织之间的行为结果。Marshall（1956）最早提出了知识溢出的思想，认为知识溢出是产业地方化的主要原因之一。Baumol（1958）认为，某企业的行为会影响与其相关产业的其他企业，而且价格变动无法弥补，就产生了溢出效应。Dougall（1960）提出了知识溢出的概念，认为知识溢出是 FDI 产生的一个重要影响，并指出外资企业进入东道国后，通过生产经营活动，会产生技术的外溢，从而促进东道国企业技术水平的提升。曹勇等（2016）认为，知识溢出可能会导致某个企业受益或受害，而这些受影响的企业不是该事件的直接决策者。史伟和蔡慧（2018）认为，知识溢出是企业或个人不需要支付成本或支付较低成本就能获取完全收益的行为。

Arrow（1962）分析了知识溢出对经济增长的作用，并认为知识存在公共场判断特性，某个企业通过研发活动所产生的知识容易被其他人获取，但首创者没有得到相应的补偿，这就是知识溢出。故而，部分企业通过知识创新提高生产率，相应就有企业通过模仿借鉴提高生产率，进而促进经济增长。Jaffe 等（1993）认为，知识溢出是模仿者通过与知识创新者进行信息交换而得到收益，但知识创新者并未得到相应的报酬。李志国和王伟（2013）认为，知识溢出存在正负两种效应，前者指通过获得其他人溢出的知识，能够减少学习成本，提升自身技术水平；后者指知识溢出会让生产者无法享受新知识的全部收益。Wang 和 Wu（2016）认为，知识溢出是跨国公司拥有的知识被东道国企业吸收并利用的现象。Cantù（2017）认为，知识的价值最终要体现在产品中，这涉及不同群体的协作，其中包含了知识的传播、学习和借鉴等过程，从而产生了知识溢出现象。庞瑞芝等（2021）认为，知识是一种非排他性的公共物品，某一企业很难独享该知识的收益，若其他企业通过研发发现新的知识，就会产生溢出并被更多企业所利用，但研发企业并不能获得研发的全部收益。

综上，尽管国内外学者从多个角度给出了知识溢出的概念，说法有所不一，但其本质上是一致的：一是新知识不能被创造者所独占，而是通过各种方式，被其他群体所享有，此为知识溢出，故而知识具有公共物品属性；二是知识溢出具有外部性，促进整个社会福利水平的提升。

（二）知识溢出的测度

当一个企业利用研发产生创新成果时，相关企业能通过知识溢出从中获益，但由于知识的流动是无形的，没有明确的轨迹可以测度，故而知识溢出的大小通常被认为是不可测的。但是，仍有一些学者从事知识溢出的测量，常见的有生产函数法和文献追踪法。

生产函数法最早被用于测量资本密集型产业的产出及 R&D 资本存量，以度量企业与产业之间的技术距离对研发的溢出效应（Griliches，1979）。Jaffe（1989）在此基础上引入溢出的空间效应，构建了新的溢出测度模型，并强调了地理空间对溢出效应的影响。Anselin 等（1997）在 Griliches-Jaffe 知识创新函数的基础上，利用空间计量模型估算了大城市的知识创新情况，并构建区位指数、引力距离衰减指数、覆盖距离指数，探讨了地理空间距离对溢出效应的影响。此后，引入经济活动的空间异质性和依赖性，探讨了空间外部性的形成过程，并认为不同部门的知识溢出存在差异。Dietzenbacher（2000）认为，知识创新存在时滞性，故而在传统的知识创新函数模型基础上，将区域内与区域间的溢出效应予以区分，以 R&D 投入、专利分别作为投入和产出变量，测度了澳大利亚的空间知识溢出水平。由于交易成本会随着空间距离增大而提高，故而知识溢出只会在一定距离内有效，知识溢出的效应受地理距离的影响较为显著。王格格和刘树林（2020）利用大数据优势，通过 INCOPAT 专利数据库内中国 2018 年 30 万余件发明授权专利数据，以专利不同 IPC 号表征技术领域之间的知识流动，主 IPC 号为技术来源领域，其余副 IPC 号为技术接收领域，使用四位数 IPC 号划分技术子领域，构建技术直接溢出矩阵进行分析。

文献追踪法。有学者认为知识流动虽然是无形的，但也留下了诸多痕迹，比如常常以专利引用的形式存在。故而，利用专利引用数据能够估算产业之间的知识流动情况，可被用以测度技术溢出水平。如马野青和林宝玉（2007）运用专利引用追踪法测度了 FDI 对东道国的知识溢出效应。

（三）知识溢出途径

1. 人才流动

人才流动被认为是知识尤其是隐性知识溢出的主要途径。在经济活动中，人才必不可少地从一个组织流向另外一个组织、从一个地区流向另外一个地区。拥有知识的人才在流动中会与其他人产生互动，促进知识的扩散和创造，进而带动技术进步，并在人口集聚区域产生显著的溢出效应。比如美国硅谷、中国中关村，企业间人才流动是导致知识溢出的主要因素。

基于人才流动的知识溢出与经济主体的吸收能力紧密相关，一个地区的经济越发达，创新氛围越浓厚，越能吸引更多的人才，则知识的共享和交流越频繁，通过人才流动产生的知识溢出效应越显著。当然，对于社会而言，若建立彼此信任的关系，会进一步促进人才和信息的流动，继而促进知识的扩散。

2. 商品流动

由于在市场当中，知识最终依附于商品之上，故而通过相关的商品就可以产生溢出效应。比如，两个国家间的贸易，可以导致知识溢出的发生。特别是当商品从发达地区流向欠发达地区后，落后地区会通过模仿、借鉴等方式，学习商品中蕴含的技术和经验，从而带来知识的传播和溢出。

3. 跨国投资

FDI 通过被认为是知识溢出的重要路径之一。在国际贸易中，跨国公司通常会以合作者、供应商以及采购商等身份与东道国企业开展合作，在前向和后向的关联关系中产生知识溢出效应。特别是跨国公司在东道国进行直接投资时，其先进的技术对东道国本土企业有示范引领作用，本土企业会利用合作、交流、转让等方式，学习跨国公司先进的技术和管理经验，从而产生知识溢出。

4. 企业家创新创业

企业家精神被认为是促进经济增长的重要因素之一，其中蕴含的创新创业活动在促进知识溢出中具有重要作用。知识一般产生于高校、科研院所等研发机构，要将知识转化为新的产品，还有很长的一段距离，这需要企业家的中介作用。在创新创业活动中，企业家通常与不同群体进行互动和交流，收集各类知识并进行整合，通过中试进行产业化，最终推动知识的溢出。当然，区域对于企业家的创新创业活动影响甚大，在产业发达、人才聚集、经济活动集聚的地区，由于各类知识主体的空间距离较近，更容易进行面对面的交流，更有利于企业家的创新创业活动，从而更有利于知识溢出。因此，在经济活动比较集中的地区，知识创新活动越频繁，企业的成长速度越快，创新能力越强。

5. 产学研合作

产学研合作指不同的市场主体进行合作研发、建立创新网络的过程。在产学研合作中，各市场主体的知识分享意愿更强烈，知识分享的渠道更畅通，效果会更佳，故而产学研是知识溢出的重要渠道。高水平的知识溢出对企业的创新活动会产生积极的影响，产学研合作是知识的重要载体，通过构建合作网络，可以使得知识溢出在更大的范围内发挥作用。

（四）知识溢出对创新的影响

根据内生经济增长理论，知识溢出在创新中具有重要的角色。但知识溢出效果与地理空间息息相关，即知识溢出会影响创新活动的空间分布，但反过来，后者又会影响前者。主要表现如下：

1. 专业化和多样化溢出的影响

学者研究发现，专利引用更易发生在本地区内部，即知识溢出会使创新活动产生空间集聚。主要原因在于空间集聚所形成的地理邻近性，便于创新主体的相互交流，降低知识溢出成本，相关企业更容易搜寻和得到所需的新知识，进而降低创新活动的风险，促进集群企业的发展。学者们将知识溢出划分为专业化溢出和多样化溢出，前者为相同产业内的专业化溢出，后者则为不同产业间的溢出。专业化溢出能够创造出更多的思想火化，产生更多的知识溢出，也被称为 MAR 溢出；而差异化的知识主体可以实现资源互补，通过知识交流能够更好地促进知识溢出，也被称为 Jacobs 溢出。

两种溢出中，谁更有利于创新活动，目前并未有统一的结论。Feldman 和 Audretsch（1999）研究发现，在产业和企业层面，相对于专业化溢出，多样化溢出更有利于提升创新绩效。冯兆奎和郭彬（2023）认为，多样化溢出与区域创新活动正相关。专业化、多样化和知识溢出都存在较强的空间相关性，但多样化知识溢出有利于产业间的竞争，从而提升中小企业的创新水平。何雄浪和王舒然（2021）探讨了产业集聚、知识溢出对区域经济增长的空间影响与作用机制，研究表明在全国层面上，存在着较为明显的知识空间溢出现象，专业化溢出对经济增长具有正向的积极作用。韩庆潇等（2015）认为，中国高技术产业的多样化溢出对创新效率的促进作用较为显著，而专业化溢出的作用并不明显。吕承超（2016）研究发现，产业多样化对中国高技术产业创新具有显著的促进作用，而产业专业化和企业竞争对高技术产业创新的影响并不显著。

综上，由于样本周期、研究对象、产业特征等方面的差异，现有研究中关于专业化和多样化知识溢出对创新活动的影响效果并不一致。

2. 知识溢出的空间影响

自空间计量方法被提出，其在探讨区域知识溢出方法方面得到广泛的应用。有很多学者利用空间计量方法对美国、德国、中国等地区的知识溢出和创新活动进行了研究，发现区域创新高度集中，尤其是沿海区域的创新活动活跃，说明知识溢出对创新活动具有显著的空间影响。这主要是因为，只要区域间存在人才和技术的流动，知识就会从一个地区流动到另外一个地区，从而一个地区的研发创新活动能对周边地区的创新产生空间溢出作用，并且该溢出效应会随着空间距离的增加而减弱。这表明知识溢出存在一定的空间局限性，地理距离是影响知识溢出的重要因素，也是影响区域创新的关键因素。

由于知识溢出在不同主体或区域间产生，故而知识溢出的效果受到空间距离的影响，意味着只有在一定的区域范围内，知识溢出才会对创新产生作用，并且该作用效果随着空间距离的增大而减弱。有研究发现，知识溢出能对周围300千米以内的创新活动产生显著影响，如果研发投入翻倍，则其周围的创新产出会提高2%~3%，而本区域创新产出能够提高80%~90%。

第三节　技术扩散理论

一、技术扩散的概念

"扩散"一词来源于物理学，后来逐渐推广到经济学、心理学、社会学等学科。经济学家熊彼特最早对创新及扩散开展了相关研究，他认为技术创新是经济增长的动力和源泉，企业的模仿创新就是创新扩散。创新扩散过程中涉及众多因素以及彼此之间的复杂关系，需要利用扩散模型进行分析。熊彼特的创新扩散模型应用较为广泛，既包含技术和生产方法的变革，也包括经济制度的转变。技术变革促进了经济发展，人类社会发生了彻底的变化，传统的经济学理论难以揭示经济飞跃的因素，而技术创新理论给出了关于经济增长的解释。

早期的创新扩散理论主要集中在创新、时间、扩散途径等领域，直到 20世纪 50 年代，创新扩散研究才聚焦于技术预测与市场经济。技术预测中的扩散模型成为经济学的研究重点，研究扩散不仅可以预测企业技术创新，也可为企业营销提供借鉴。20 世纪 80 年代，罗杰斯对"扩散"进行了定义，他认为"扩散指随着时间的推移，新产品或新技术在一定范围内不断推陈出新的过程"。当然，扩散除了新产品和新技术，还有新思想和新概念等。此外，各类信息的扩散通常需要一定的时间，并经过一定的途径才能被其他群体所接受。

二、技术扩散的特征

在技术创新逐渐扩散的过程中，接受技术的企业或个体的数量比例是时刻变化的，如果用曲线描述，基本呈现出近似 S 型的创新扩散曲线。具体来说，在技术创新的初期，市场对新技术缺乏足够的认识，愿意参与创新的企业数量较少，扩散速度较慢；在技术创新的中期，随着新技术逐渐被企业采用，其价值得到市场的认可，这时企业愿意采用新技术，创新扩散的速度上升；在技术创新的后期，市场达到饱和，新技术出现，传统技术没落，市场的认可度降低，创新扩散速度再次衰减。因此，创新扩散的特征涉及三个方面：创新性、时间、传播渠道。

（一）创新性

技术的创新性会影响创新扩散速度，主要体现在以下几个方面：一是相较于传统技术，新技术具有较大的创新优势，这一优势越大，则创新扩散速度越快。二是新技术是否沿用过去的传播方式，以及使用者在行为和精神上与技术的契合度，契合程度越高，越容易被采纳者所接受，技术扩散速度越快。三是技术创新复杂程度，技术的操作和传播过程应尽可能简易化，技术越易于传播，则扩散速度越快。四是技术创新对采纳者而言是易于吸收的。若技术创新的优势越易于被使用者所认可，则创新速度就越快。上述因素共同决定了技术创新的生命周期曲线。

（二）时间

对于任意一项技术创新，其扩散程度与时间息息相关，在不同的时间段上，创新扩散的程度并不相同，S 型创新扩散曲线正好反映了扩散与时间的关系，时间分布特征能够更好地帮助企业预测未来的技术变革及市场变化情况，从而以准确的时间点开展新一代的技术创新互动。

（三）传播渠道

传播渠道是技术扩散的重要特征之一，主要指技术创新在不同主体之间传播的媒介，基本上，传播媒介可分为大众传媒和人际传播。众多学者尤其重视人际传播，故而在构建技术创新扩散模型时，通常将其作为基本前提。当然，在现实中，技术扩散通常是两种传播模式的结合，只有发挥各自的特点，才能实现技术扩散效果的最大化。

三、技术扩散的主体

协同创新中的技术扩散实质上是一个知识输入、吸收、应用、输出的过程。在该过程中，知识输出方提供新知识，接收方采纳接收新知识，并进一步开展创新，且在知识传播过程中存在一定的路径。因此，技术扩散的主体一般包括扩散者、接收者、扩散媒介和辅助主体。

（一）扩散者

在协同创新中，技术的扩散者既可以是高校、科研机构，也可以是企业。由于在利益诉求、自身特点和约束条件上的不同，不同扩散者体现出迥异的特性。在产学研的协同创新体系中，高校和科研机构一般是技术扩散者。主要是因为高校和科研机构具有高素质的科研队伍，科研实力雄厚，技术成果丰富，同时承担人才培养和科学研究的社会职能，故而在技术扩散方面具有天然的优势。高校和科研机构能够将科技资源和市场需求相结合，在相关领域开展技术创新，再将新知识成果向外部传播，成为知识创新的源头。因此，在产学研的合作体系中，高校和科研机构是技术扩散的主体，企业通过与前者的合作，获得技术支持，进而将技术成果产业化。

在由企业构成的协同创新体系中，技术扩散的主体是企业。除少数专门依靠转让新技术获利的企业，其他企业并未将新技术的转让利润视为协同创新的目的。这类企业通常会对转让新技术的收益与利用新技术的收益进行比较，如果后者带来更大的收益，则企业扩散技术的意愿就较弱。此外，在获得新技术的初期，企业也通常不愿意进行技术扩散。主要是因为：一是为了获取更高的收益，新技术无论是出自企业的自主研发，还是通过协同创新从其他渠道获得，企业都不会轻易将具备市场竞争力的新技术转让，否则很可能在市场竞争中失去优势。二是寻求技术垄断，为了抢占市场份额，企业往往会利用技术垄断阻止竞争者进入，从而获取超额利润。当企业从协同创新中得到新技术时，往往意味着企业具备了一定的技术垄断能力。但从长远看，技术扩散是必然发生的，因为在利益驱使下，企业很快会研发出新的替代技术，且长期的技术垄断不被允许。因此，企业会根据市场变化情况选择技术扩散的时间，以使得自身的利益最大化。

（二）接收者

接收者主要指那些自身技术较为落后、对新技术有需求且和技术扩散者达成合作协议的企业。从技术扩散的过程看，技术接收者一般包括两种：一是最终用户型，即技术接收者只对该新技术予以采用，而不会再向其他组织或个体进行扩散。二是中介用户型，即技术接收者在运用该技术获取利润的同时，还会将该技术传播给其他组织或个体，从而再次获取收益，在此情况下，形成了一个多层次的技术扩散。在协同创新中，企业不仅是技术的整合者，也是技术的接收者。由于企业的最终目标是利润最大化，对技术创新的意愿并不强烈，但企业自身的研发能力有限，故而为了应对激烈的市场竞争，往往会选择参与产学研协同创新，从合作伙伴手上获取新知识、新技术，进而获得最大利益。因此，在协同创新中，技术扩散的速度和效果会受到接收者自身条件的影响，如技术基础、人才积累、企业规模等。

（三）扩散媒介

扩散媒介也称为中介主体，主要指为技术扩散者和接收者提供介绍、联系以帮助技术合作协议能够履行的组织。扩散媒介的最终目标是促进技术的有效扩散，其主要功能体现在：迅速可靠地传递技术信息，促进技术信息的传播；搭建技术扩散平台，为其提供良好的软环境等。扩散媒介通常包括技术中介服务机构、技术交易市场以及政府设立的非营利中介机构等。扩散媒介在技术扩散中的作用显而易见，一方面将企业的技术需求提供给高校和科研机构，另一方面为企业介绍高校的相关科研成果，为两者牵线搭桥，促进技术扩散。在协同创新体系中，作为中介人，扩散媒介掌握的信息、制度、法规，往往比企业、高校和政府都全面，故而成为协同创新中技术扩散的重要桥梁。

（四）辅助主体

除技术的扩散方、接收方和扩散媒介外，在技术扩散中，政府和有关金融机构也扮演着重要的角色，即辅助主体。技术扩散的顺利进行离不开政府的制度支持和约束，比如在技术扩散的初期，政府通常会牵头，帮助企业和高校进行沟通；当协同创新中产生问题时，政府进行协调和监督，以解决问题。金融机构的作用同样不容忽视，尤其在协同创新中，技术创新是一项长期而风险大的任务，需要大量的资金，这需要银行、保险公司等金融机构的支持。尽管金融机构不参与直接的技术扩散，但能提供资金保障，以弥补创新主体筹集资金能力和财政支持之间的空白。

四、技术扩散的动因

协同创新技术扩散的动因可以分为外部因素和内部因素，前者指协同创新之外的，能够促进技术扩散的外部因素，后者指协同创新体系内部对技术扩散产生驱动力的重要因素。

（一）外部因素

1. 市场因素

企业开展技术创新、参与协同创新的主要目标都是满足市场需求，从而获取更多的利益。只有新产品在市场中取得商业价值，企业的技术创新才能取得回报。从这个角度而言，企业参与协同创新，开展技术扩散，其目的是培育技术优势，获取更多的利润。故而，协同创新技术扩散的本质是通过市场运作，将技术成果转化为经济收益。因此，市场需求不仅是企业创新的指路灯，还是企业参与技术扩散的外在动力。市场因素对技术扩散的拉动作用还体现在激烈的市场竞争中，在白热化的竞争环境下，企业只有通过抱团、合作，才能在市场压力下保持自身的核心竞争力。因此，当市场竞争促使企业不断追求技术创新时，外部因素会转为企业寻求协同创新的内在因素。

2. 政府推动

由于创新面临着巨大的不确定性和风险，故而为了促进地区经济发展，政府往往会制定相关的政策法规以激励企业创新，如税收优惠、财政补贴、科创基金等，来解决创新中的市场失灵问题。目前，很多国家都非常重视协同创新的重要性，建立了很多相关机构和政策，如美国建立以总统为首的科技领导机构，加强"技术孵化器"的运用，构建包容、自由和独立的创新环境。日本同样提出了"官产学研"四位一体的概念，强调政府在协同创新中的推动作用。中国政府也出台了一系列的政策举措来促进创新体系的完善，比如，陆续出台的《科技进步法》《促进科技成果转化法》等法规，为协同创新和技术扩散营造了良好的政策环境。

3. 科技发展

当前，知识创新、技术更迭日新月异，科技和教育得到各国前所未有的重视，也成为衡量一个国家综合实力的重要指标。在知识经济时代，科技创新活动的交叉性越来越明显，生产、科研和技术之间的依赖不断加强，学科之间的交叉日益频繁，单个领域的技术进步很难适应社会的需求，这要求知识主体在各个领域开展全方位的技术合作和知识共享，以满足市场的新需求。

（二）内部因素

1. 利益驱动

追求自身利益永远是各组织开展协同创新的内在驱动因素。当然，这里的利益不仅包括经济利益，还有社会利益、荣誉、成果所有权等。共同利益不仅是维系协同创新体系的纽带，也是技术扩散顺利实施的保障。在系统创新中，各创新主体会不断地比较研发投入、成本和收益大小，并选择能使利益最大化的合作方式。对于企业而言，积极参与高校、科研院所组成的协同创新体系，能够得到丰富的知识、技术和信息，能提升产品质量，获得新产品，从而实现利益最大化。对于高校和科研院所而言，在协同创新体系中能够获得市场信息，得到资金的支持，提高科研成果的转化率，培养更多人才，获得更多的经济效益和社会效益。在协同创新中，各主体面临的利益越大，则参与创新的积极性越高，知识共享的意愿越强烈，技术扩散的速度越快。

2. 资源互补

由于企业与高校、科研院所间存在知识和技术上的差距，在协同创新中可以实现优势互补，让彼此获取外部资源，进而丰富知识及技术存量。高校与科研院所的科技实力雄厚、科研成果丰硕，知识、技术可以向企业进行扩散。同时，企业具有一线的经营管理知识，可以反向高校和科研院所扩散。通过扩散形式，知识与技术在各创新主体间形成互动，进而碰撞出新的知识火花。

3. 自我发展

追求自身不断进步是系统主体的内在动力。企业创新的核心在于技术人员，但由于技术人员自身知识局限性，大多只能改进产品工艺，无法从理论层面进行本质的创新。高校和科研院所在研发过程中通常面临资金不足、技术不适应市场等问题。因此，通过协同创新技术扩散，企业可以获得技术支持，提升创新能力，降低经营成本，加快产品更新，抢占市场，从而实现企业规模扩张。高校和科研院所能通过协同创新，将科研成果产业化，在为社会增加福利的同时，提升自身的科研水平和能力。

第三章 基于知识搜寻、吸收能力的企业技术创新能力研究

第一节 引言

在技术创新快速演变的知识经济时代，知识来源成为企业的核心竞争力。由于创新的高风险和高失败率，企业难以凭借自身的资源实现技术创新，而是寻求更多的外部知识资源。但是，有价值的外部知识资源的存在并不意味着外部新思想和知识流入企业是一个自动或容易的过程。在此情形下，外部知识搜寻成为企业弥补自身不足、维持竞争优势和提升创新能力的重要途径（杨建君等，2021）。知识搜寻指企业从外部环境中寻找、扫描知识、信息和解决方法的行为。究其本质，知识搜寻涵盖了知识创造和知识重组，是企业学习的过程，能为企业获取外部的所需知识，如创新理念、市场信息、新方法、新工艺等，从而有助于提升企业技术创新能力。众多研究表明，知识搜寻能在一定程度上促进企业技术创新（Ferreras-Méndez et al.，2015；Flor et al.，2018；Lyu et al.，2022）。知识搜寻的来源越多，企业技术创新能力越高。知识搜索深度与知识搜索宽度、跨领域开发性知识搜寻均能够对企业突破性创新及创新能力具有显著的正向影响（Ren et al.，2015；Wang，2015；Gölgeci et al.，2019；

周文强等，2021）。

吸收能力是企业通过一系列的流程，以获取、同化和利用外部知识的重要能力，通过吸收能力，企业能够更好地整合所搜寻的知识（Flor et al.，2018；Duan et al.，2020）。现有研究表明，吸收能力使企业对知识产生新的见解、改变其对自身竞争环境的理解，对企业创新能力具有显著影响（Zahra and George，2002；Choi et al.，2010；Duan et al.，2021）。既存在直接作用，也存在中介作用。吸收能力是一种将外部知识内化和应用的能力。企业的吸收能力越强，表明企业内外交流越频繁，达成的共识越大，内外部知识结合程度越高。此时，外部技术知识转化为内部效用的效率越高，技术创新绩效越显著（Hoarau，2014；Gkypali et al.，2018）。那么，在企业搜寻知识、利用知识，并最终产生创新产品的过程中，吸收能力是否在知识搜寻与创新能力之间存在中介作用，还需要进一步验证。基于此，本书将探讨知识搜寻对企业技术创新的影响，并分析知识吸收能力在知识搜寻与企业技术创新关系中的中介作用，旨在为提升企业创新能力提供借鉴。

第二节　研究设计

一、知识搜寻与企业技术创新能力

根据组织边界不同，企业的知识源被分为内部知识源和外部知识源，前者源自企业内部创新部门和员工的创造性活动，后者源自企业外部的知识（阮爱君和陈劲，2015）。因此，知识搜寻行为包括企业外部知识搜寻和企业内部知识搜寻。如果企业仅依靠内部知识搜寻进行创新，所有知识将会穷尽，难以为继，而企业间的外部知识搜寻对创新能力的促进作用将会有用得多。企业需根据自身的实际情况，对内、外部知识搜寻进行平衡，以实现最佳的创新绩效。

（一）外部知识搜寻与企业技术创新能力

外部知识搜寻指企业对外部知识的搜寻、获取、整合与利用的活动过程，外部知识搜寻包括知识搜寻宽度和知识搜寻深度两个维度（Fernández-Mesa，2015）。

知识搜寻宽度指在现有知识基础上，对新知识领域的开拓和延伸。主要从以下几个方面影响企业技术创新：一是丰富知识存量。企业通过扩展外部知识搜寻宽度，与更多的外部组织建立联系与合作，获取更多知识资源。企业将外部的知识资源纳入内部体系，丰富了企业的知识存量，提高技术创新成果的多样性（Riccardo et al.，2021）。二是有利于企业的知识整合。外部知识搜寻能拓宽企业的创新视野，突破企业自身的创新思维模式，所提供的多样化知识来源，将有助于企业的知识重组和利用，帮助企业解决产品创新的难题。三是有利于企业产生创新意识。企业在知识搜寻过程中，会面对大量未被采用过的新知识，这能激发企业的创新思维，促进新知识产生的可能。企业和外部信息来源之间进行持续和密集的互动，从而增加了这些信息被用于创新开发的可能性（Paloma et al.，2022）。外部异质性知识将使企业从新的视角看待面临的困难，增加企业解决问题的可能性，帮助企业寻找到创造性的技术，并成为持续创新的基础。由此，提出以下假设：

H3-1a：外部知识搜寻宽度正向影响企业技术创新能力。

知识搜寻深度指企业搜寻知识的详尽程度和重复利用程度，需要企业的长时间专注，是对知识源更深层次的挖掘与开发过程（Wang et al.，2021）。主要从以下几个方面影响企业技术创新：一是提高外部知识的有效性。知识搜寻深度是企业对现有知识领域的深入挖掘，旨在获得更深层次的知识。在这一过程中，企业能获取相关联的知识，与原有知识相互印证，提高其可信度，企业对知识源的信任不断提高，逐渐形成固定的知识搜寻渠道，从而降低知识搜索中的错误（冯立杰等，2023）。二是降低创新的不确定性。深度搜寻能将离散的知识归纳于特定的创新框架内，使得相关的知识元素在搜寻中被有效识别，通过知识的重复利用，加快知识向技术的转化，降低创新的不确定性。三是提升企业解决问题的能力。深度搜寻强化企业对创新知识的掌握，帮助企业在产品创新中做出预判，避免产生决策失误。当企业面临创新难题时，也可将其分解成若干个子问题，通过对子问题的深入搜索，能够有效解决难题，提升创新效率。由此，提出以下假设：

H3-1b：外部知识搜寻深度正向影响企业技术创新能力。

（二）内部知识搜寻与企业技术创新能力

在激烈的市场竞争中，企业为了保持技术优势，通常采用内部知识搜寻。R&D 活动和知识基础是企业内部创新的主要知识源，企业通过充分挖掘内部相关知识，并与外部知识源进行组合，实现技术创新（Lin and Wu，2010）。

R&D 活动是通过知识、信息、技术的交互作用，实现技术元的"重组、嫁接、遗传与变异"过程，是企业内部获取知识的主要渠道。研究发现，在创新所需的知识中，约有 2/3 源自企业内部的 R&D 活动和知识基础。在创新过程中，研发人员通过 R&D 活动，实现知识的交换与共享，整合隐性知识和显性知识，产生新的知识源。实质上，R&D 活动也是一种重要的知识搜寻行为（曹勇等，2016）。研发部门及人员参与知识搜寻，可根据创新需求识别有效知识，将企业内部分散的信息、知识进行整合吸收。R&D 活动水平越高，知识整合利用的效率越高，进而新技术、新产品产生的概率越大，企业创新能力的提升越快。知识基础理论认为，新知识的产生取决于两个方面：静态知识存量和动态知识流量。企业若想实现持续创新，必须不断产生新知识流，以积累更多的知识存量。知识流越大，知识存量越丰富，企业越容易将知识搜寻内部化。而 R&D 活动是增加知识流的重要渠道，是企业掌握核心知识、提升创新能力的关键。由此，提出以下假设：

H3-1c：内部 R&D 活动正向影响企业技术创新能力。

企业实现技术创新的关键，并非自身具备的静态知识存量，而是能将知识进行有效交换。对于企业而言，搜寻组织内部的存量知识，将静态知识转化为流量知识，是企业内部知识搜寻的关键。企业内部知识基是技术创新的智慧源泉，企业具备的知识存量越丰富，内部的知识流动就会越大，知识在流动过程中融合、产生新知识的概率越大（Dapeng et al.，2022）。知识组合是企业内部新知识产生的主要渠道，这突破了原有的知识存在状态，是知识的交流与融合。首先，企业员工通过搜索工具、数据库等途径获取知识，并将相关知识进行整合，成为个人的知识。因此，大量的知识资源存在于企业员工头脑中，企业要想利用好这些知识资源，既要培养众多的知识型员工，也要充分搜寻并挖掘他们自身的知识储备，将个人知识转化为企业知识。企业若具备完善的利益分享机制，能激励员工参与到知识探索和交流中，则企业的创新能力将大幅提升（张振刚等，2015）。其次，知识资源还存在于企业部门中。企业技术创新需要多部门的共同参与，通过定期的知识交流与沟通，将知识转变为可行性措施。当知识在部门间传播和碰撞时，会激发企业层面的知识创新。通过内部知识基搜寻得到的创新知识是企业独具的资源，有效性和保密性较高，不易被模仿。企业内部知识搜寻的难度和成本都较低，搜寻得到的知识一般为显性知识，易于内部传播和共享。由此，提出以下假设：

H3-1d：内部知识搜寻正向影响企业技术创新能力。

二、知识搜寻与吸收能力

吸收能力被认为是企业识别、吸收外部新知识，并用于产品创新的能力。吸收能力是企业获取、吸收、改造和开发利用知识的综合能力。

（一）外部知识搜寻与吸收能力

企业的外部知识搜寻活动建立在对知识源充分掌握的基础上，才能获取企业所需的创新知识。因此，在知识搜寻过程中，企业应具备较高的反应能力，才能与知识搜寻相匹配。外部知识搜寻行为使得企业主动了解相关的知识信息，而搜寻宽度能使企业接触到不同范围的异质性知识，拓展企业知识基的宽度，提高企业的知识获取能力，为后续知识内化提供基础。随着搜寻范围的扩大，知识在不同主体间扩散，提高企业结合新知识的能力，增强企业的吸收能力，保证知识吸收的可靠性。由此所产生的新知识很可能与企业内部知识进行融合，提高了知识的利用率（曹勇，2017）。同时，新知识的增加，将引导企业进行知识吸收，促进企业获取、共享和利用知识。由此，提出以下假设：

H3-2a：外部知识搜寻宽度正向影响吸收能力。

外部知识搜寻深度加强了企业对新知识的掌握，促进了显性知识的传播，加快了隐性知识的转化，经过有效的知识吸收，能形成企业的核心竞争力。企业的吸收需要以知识为基础，而外部知识搜索是企业知识的来源。从某种意义上说，知识吸收能力来自企业的知识学习能力，而外部知识搜寻深度是提高企业学习能力的重要途径（Ferreras-Méndez et al.，2015）。这意味着，外部知识搜索深度提升了企业知识吸收能力。由此，提出以下假设：

H3-2b：外部知识搜寻深度正向影响吸收能力。

（二）内部知识搜寻与吸收能力

吸收能力被认为是 R&D 活动的副产品，R&D 投入强度决定了企业获取、吸收外部知识的多寡。R&D 活动不仅能解决企业当前面临的难题，还能增强企业的吸收能力（Martínez-Sánchez et al.，2020）。R&D 活动将提升外部知识的利用效率，增加知识储备，使企业在知识传播中受益，为吸收能力创造了条件。尤其是对于技术密集型企业，在 R&D 投入强度较大的情形下，吸收能力会显著增强。由此，提出以下假设：

H3-2c：内部 R&D 活动正向影响吸收能力。

企业内部的原有知识基础形成了吸收能力，对于一个不具备知识基的企业，很难发现新知识的价值，更加不易吸收新知识。因此，企业自身具备的知识基础决定着吸收能力。企业必须拥有丰富的知识基础，才具有敏锐的洞察力，方能抓住机遇，从海量的外部知识信息中搜寻到所需要的知识。知识积累是一个长期的过程，企业可以凭借知识基础，判断知识的潜在价值和发展方向，从而有针对性地搜寻相关知识，才有利于知识吸收。当外部知识与内部知识的内容接近时，企业更容易吸收外部新知识。当企业缺乏相应的知识时，悬殊的知识落差会影响企业对新知识的吸收，从而产生知识获取障碍。所以，知识能帮助企业消化和吸收外部知识，促进企业吸收能力提升，同时企业会利用新知识，促进知识的再创造，这提高了知识的吸收能力（Castro，2015）。由此，提出以下假设：

H3-2d：内部知识搜寻正向影响吸收能力。

三、知识吸收能力与企业技术创新能力

企业的吸收能力作为将外部知识转化为内部知识的重要元素，可有效提高知识搜寻与企业技术创新之间的联系。企业的技术创新过程，需要企业通过内、外部知识搜寻，获取创新所必需的知识元素。为了能有效地推进技术创新，企业必须具备与之相适应的吸收能力。

通过外部知识搜寻，企业一般只能得到分散的零碎知识，但在数量和质量上都难以满足企业创新的需要。因此，企业要想完全吸收新知识，则必须具备较强的吸收能力。吸收能力既有助于企业吸收外部知识，也能促进新知识的利用效率，使得企业在今后的知识搜索中，更精准地识别外部知识。技术创新归根结底是企业利用已有知识创造新知识，因此，更好地搜寻内、外部知识，并加以吸收利用，是技术创新的关键。同时，创新又产生新的知识，成为知识吸收能力的一部分，企业的吸收能力越强，内、外部交流越充分，达成的共识越大，知识相结合的可能性越高，技术创新的成功率越高。因此，企业吸收能力，可通过对创新知识的获取与消化，丰富企业的知识，对创新知识进行转化，产生新产品或新工艺（Xie et al.，2018）。技术型企业的创新能力，会随着吸收能力的提高而增加，而具备较强吸收能力的企业，会获得更多的创新产品，且不易被模仿，从而产生竞争优势。由此，提出以下假设：

H3：吸收能力正向影响企业技术创新能力。

四、知识吸收能力的中介作用

根据以上对知识搜寻与企业技术创新能力、知识搜寻与吸收能力以及吸收能力与企业技术创新能力关系的分析，知识吸收能力在知识搜寻与企业技术创新能力互动关系中存在中介作用。因此，提出以下假设：

H3-4a：吸收能力在外部知识搜寻宽度与企业技术创新能力之间起中介作用。

H3-4b：吸收能力在外部知识搜寻深度与企业技术创新能力之间起中介作用。

H3-4c：吸收能力在内部 R&D 活动与企业技术创新能力之间起中介作用。

H3-4d：吸收能力在内部知识搜寻与企业技术创新能力之间起中介作用。

根据以上分析，得到研究模型，如图 3-1 所示。

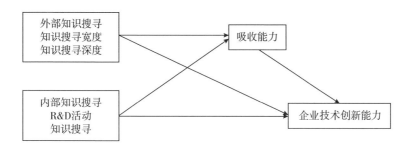

图 3-1 概念模型

第三节 研究方法和数据分析

一、研究对象与量表设计

本章拟采用调查问卷的方式收集数据，为保证测量工具的科学性，根据学者们的常用做法，采用知识渠道的数量、获取知识的数量、知识利用强度、知识搜寻渠道密度等指标衡量外部知识搜寻（Laursen and Salter，2006）。采用内部 R&D 经费投入、R&D 人员投入、行业技术地位的领先度、行业经验积累度等指标衡量内部知识搜寻（金昕和陈松，2015；Li and Tan，2020）。采用知识搜寻识别获取、内化吸收、应用等指标衡量吸收能力（Xie et al.，2018；Duan et al.，2020）；采用新产品的销售额、利润、创新速度等指标衡量企业技术创新绩效（Donbesuur et al.，2020；Li et al.，2021）。本章的测量变量和问题项都来自国内外文献中广为应用的成熟量表，在此基础上，进行了必要和适度的改进，具体测量指标如表 3-1 所示。调查问卷采用李克特 5 级量表，1 表示与问题项描述完全不相符，5 表示与问题项描述完全相符。问卷基本完成，请两位专家提出修改意见，而后经过了前测，进一步完善问卷事项。

表 3-1 变量的测量指标

变量	代码	问题项	参考文献
外部知识搜寻宽度	SK1	能从多个渠道搜寻知识	Katila 和 Ahuja，2002；Laursen 和 Salter，2006；Flor 等，2018
	SK2	可以搜寻到研发、市场、管理等方面的知识	
	SK3	能从知识搜寻中得到较多知识	
外部知识搜寻深度	SS1	可以重复通过某一特定渠道进行知识搜索	
	SS2	能得到某方面的详细知识	
	SS3	能深入利用搜寻到的知识	
内部 R&D 活动	RD1	R&D 经费投入强度位于行业的领先地位	金昕和陈松，2015；Li 和 Tan，2020
	RD2	R&D 人员投入位于行业的领先地位	
	RD3	R&D 活动物质投入位于行业的领先地位	
内部知识搜寻	SJ1	在行业内具有领先的技术优势	Jin 和 Chen，2015；Li 和 Tan，2020
	SJ2	在行业内具有丰富的成功经验	
	SJ3	全面掌握行业内的相关知识	
知识吸收能力	XS1	能快速识别所需的新知识	Xie 等，2018；Duan 等，2020
	XS2	对挖掘的新知识理解透彻	
	XS3	容易将新知识与原有知识相结合	
	XS4	易于将新知识用于实践	
企业技术创新绩效	EI1	在行业内实现突破性的创新	Donbesuur 等，2020；Li 等，2021
	EI2	新产品很难被模仿	
	EI3	推出新产品的速度快	
	EI4	新产品的数量多	
	EI5	新产品的销售收入不断上升	
	EI6	新产品的利润不断上升	

二、数据收集与样本特征

为保证样本的可靠性，此次问卷发放主要采取纸质问卷和电子邮件的方式。按照国家级技术中心企业名录和陕西省级技术中心名录，随机抽取 86 家企业发放问卷，问卷的调查对象主要为企业技术负责人、主管技术的副总经理、总经理等中高层领导，共发放问卷 420 份，回收问卷 267 份，剔除无效问卷后，得到有效问卷215份，有效问卷率为51.2%，样本数量满足结构方程模型的要求。问卷还统计了样本的基本特征，如表3-2所示。

表3-2　样本的基本特征

项目	属性	样本数（份）	百分比（%）
企业性质	国有企业	48	22.33
	集体企业	16	7.44
	民营企业	115	53.49
	其他	36	16.74
员工人数（人）	100以下	29	13.32
	101~500	80	37.17
	501~1000	76	35.42
	1000以上	30	14.09
所属行业	装备制造	57	26.53
	电子信息	48	22.17
	生物医药	41	19.29
	其他	69	32.01
企业年龄（年）	3以内	38	17.67
	3~5	59	27.44
	6~10	53	24.66
	10以上	65	30.23
研发投入占比（%）	3以下	101	46.85
	3~4.9	56	25.92
	5~10	37	17.56
	10以上	21	9.67

三、信度与效度分析

在现有研究中，通常采用Cronbach's alpha系数反映设计量表信度，一般认为，当alpha系数大于0.7时，表示信度较高；当alpha系数大于0.9时，表示信度非常高。本章利用偏最小二乘方法，对收集数据进行统计分析和假设检验。数据分析结果如表 3-3 所示，每个测量项的 Cronbach's alpha 系数均大于 0.7，表明测量项信度较高。组合信度 CR 值皆大于 0.8，平均变异数抽取量 AVE 值皆大于 0.5，表明模型存在良好的内部一致性和聚合效度。同时，本章还给出测量变量的相关系数和 AVE 平方根，如表 3-3 所示。可以发现，AVE 平方根值均大于变量之间的相关系数，表明模型的区分效度较好，如表 3-4 所示。

表 3-3　信度和效度

项目	Cronbach's alpha	CR	AVE
外部知识搜寻宽度（SK）	0.865	0.932	0.785
外部知识搜寻深度（SS）	0.843	0.916	0.767
内部 R&D 活动（RD）	0.796	0.901	0.735
内部知识搜寻（SJ）	0.820	0.905	0.745
知识吸收能力（XS）	0.912	0.951	0.828
企业技术创新绩效（EI）	0.878	0.937	0.808

表 3-4　区分效度

指标	SK	SS	RD	SJ	XS	EI
SK	0.882					
SS	0.545	0.871				
RD	0.532	0.540	0.869			
SJ	0.611	0.447	0.534	0.847		
XS	0.657	0.559	0.456	0.523	0.858	
EI	0.551	0.518	0.534	0.628	0.579	0.875

最后，测量项的因子载荷量和交叉因子载荷量如表 3-5 所示。可以发现，所有测量变量的因子载荷都在 0.8 以上，且达到显著水平。同时，测量变量与其潜在变量相关性较高，而与别的潜在变量相关性较低，这表明模型的区分性和内部一致性都较好。

表 3-5 因子载荷量和交叉因子载荷量

指标	SK	SS	RD	SJ	XS	EI
SK1	0.872	0.465	0.524	0.527	0.480	0.612
SK2	0.857	0.483	0.564	0.552	0.469	0.471
SK3	0.892	0.529	0.553	0.571	0.481	0.375
SS1	0.549	0.905	0.612	0.623	0.576	0.533
SS2	0.557	0.869	0.524	0.513	0.459	0.632
SS3	0.520	0.879	0.358	0.468	0.472	0.615
RD1	0.481	0.443	0.863	0.395	0.463	0.545
RD2	0.390	0.394	0.882	0.352	0.481	0.454
RD3	0.392	0.411	0.846	0.463	0.527	0.426
SJ1	0.431	0.376	0.369	0.892	0.337	0.438
SJ2	0.571	0.525	0.312	0.869	0.382	0.545
SJ3	0.641	0.614	0.530	0.848	0.537	0.512
XS1	0.626	0.642	0.428	0.458	0.901	0.435
XS2	0.354	0.561	0.376	0.372	0.862	0.482
XS3	0.534	0.571	0.382	0.476	0.851	0.454
XS4	0.532	0.566	0.429	0.628	0.879	0.454
EI1	0.465	0.439	0.425	0.538	0.523	0.878
EI2	0.423	0.468	0.445	0.513	0.524	0.912
EI3	0.421	0.467	0.429	0.435	0.467	0.852
EI4	0.387	0.456	0.524	0.469	0.487	0.839
EI5	0.373	0.521	0.585	0.448	0.523	0.862
EI6	0.467	0.382	0.565	0.502	0.572	0.894

四、模型分析与假设检验

结构方程模型（SEM）采用线性方程验证可观测变量与潜在变量之间的关系，能处理具有多个指标的潜在变量，还能同时处理多组自变量与因变量的关系，且允许其中含有测量误差，比传统的回归分析更为精确，在实践中得到广泛应用。因此，本章采用结构方程模型进行路径分析和假设检验，将构建的理论模型和收集的数据导入 SmartPLS 软件，得到路径系数、T 值和显著性水平，如图 3-2 所示。

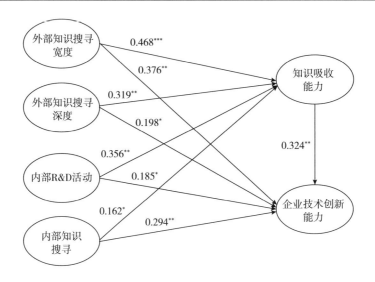

图 3-2　结构方程模型结果

注：＊表示 p<0.05，＊＊表示 p<0.01，＊＊＊表示 p<0.001。

模型图路径的拟合参数 x^2/df＝1.831，GFI 为 0.923，AGFI 为 0.915，NFI 为 0.938，IFI 为 0.947，CFI 为 0.935，均大于 0.9，RMSEA 为 0.053，表明模型符合拟合标准。可以发现，在知识搜寻与企业技术创新能力的拟合路径中，外部知识搜寻宽度对企业技术创新能力的影响效应为 0.376（p<0.01）；外部知识搜寻深度对企业技术创新能力的影响效应为 0.198（p<0.05）；内部 R&D 活动对企业技术创新能力的影响效应为 0.185（p<0.05）；内部知识搜寻对企业技术创新能力的影响效应为 0.294（p<0.01）。因此，假设 3-1a、假设 3-1b、假设 3-1c、假设 3-1d 均得到验证，表明通过内、外部知识搜寻活动，能够扩大企业知识来源，丰富企业知识存量，提高外部知识有效性，帮助企业进行内部知识整合，降低创新的不确定性，从而有利于企业技术创新能力提升。在知识搜寻与吸收能力的拟合路径中，外部知识搜寻宽度对吸收能力的影响效应为 0.468（p<0.001）；外部知识搜寻深度对吸收能力的影响效应为 0.319（p<0.01）；内部 R&D 活动对吸收能力的影响效应为 0.356（p<0.01）；内部知识搜寻对吸收能力的影响效应为 0.162（p<0.05）。因此，假设 3-2a、假设

3-2b、假设 3-2c、假设 3-2d 均得到验证，表明通过内、外部知识搜寻活动，能够促进显性知识传播，提高知识存量、提升企业的学习能力，帮助企业获取、吸收、改造和开发利用知识的综合能力，促进企业吸收能力提升。吸收能力对企业技术创新能力的影响效应为 0.324（p<0.01），假设 3-3 得到验证，表明企业的技术创新能力会随着吸收能力的提高而增加。

五、中介效应分析

从上述分析中可以发现，吸收能力在知识搜寻与企业技术创新能力之间起到部分中介作用。因此，本章采用系数相乘法对吸收能力的中介效应进行检验，结果如表 3-6 所示。从中可以发现，外部知识搜寻宽度通过吸收能力对企业技术创新能力的间接影响效应为 0.075，总影响效应为 0.451；外部知识搜寻深度通过吸收能力对企业技术创新能力的间接影响效应为 0.083，总影响效应为 0.271；内部 R&D 活动通过吸收能力对企业技术创新能力的间接影响效应为 0.042，总影响效应为 0.227；内部知识搜寻通过吸收能力对企业技术创新能力的间接影响效应为 0.108，总影响效应为 0.402。因此，可以得知，吸收能力在知识搜寻与企业技术创新能力之间存在中介作用，即假设 3-4a、假设 3-4b、假设 3-4c、假设 3-4d 得到验证。这说明，一方面知识搜寻正向影响企业技术创新能力；另一方面知识搜寻通过影响吸收能力进而影响企业技术创新能力。

表 3-6　效应分析结果

项目		外部知识搜寻宽度	外部知识搜寻深度	内部 R&D 活动	内部知识搜寻	知识吸收能力
吸收能力	直接效应	0.468***	0.319**	0.356**	0.162*	
	间接效应					
	总效应	0.468***	0.319**	0.356**	0.162*	
企业技术创新能力	直接效应	0.376**	0.198*	0.185*	0.294**	0.324**
	间接效应	0.075**	0.083**	0.042*	0.108**	
	总效应	0.451***	0.271**	0.227*	0.402***	0.324**

注：* 表示 p<0.05，** 表示 p<0.01，*** 表示 p<0.001。

本章小结

企业技术创新不仅需要大量的内部资源，更需要吸收、利用外部资源。本章将知识搜寻、吸收能力和企业技术创新能力纳入分析框架，分析知识搜寻对企业技术创新能力、知识搜寻对吸收能力以及吸收能力对企业技术创新能力的影响，同时探讨吸收能力在知识搜寻和企业技术创新能力之间的中介作用。结论如下：

（1）外部知识搜寻的两个维度，即外部知识搜寻宽度和外部知识搜寻深度分别对企业技术创新能力产生正向影响。外部知识搜寻范围扩大和程度加深，能提升企业知识储备，优化知识结构，提高外部知识有效性，帮助企业进行内部知识整合，降低创新的不确定性，从而提升企业的技术创新能力。内部知识搜寻的两个维度，即内部 R&D 活动和知识搜寻分别对企业技术创新能力产生正向影响。通过内部 R&D 活动和知识搜寻，会提高企业的知识流，帮助企业进行内部知识整合，便于员工传播和共享显性知识，从而有利于企业技术创新。

（2）外部知识搜寻的两个维度，即外部知识搜寻宽度和外部知识搜寻深度分别对吸收能力产生正向影响。外部知识搜寻范围扩大和程度加深，能促进显性知识的传播，加快隐性知识的转化，提升企业吸收知识的能力，保证知识吸收的可靠性。内部知识搜寻的两个维度，即内部 R&D 活动和知识搜寻分别对吸收能力产生正向影响。企业内部新知识的增加，将促进企业知识吸收，促进企业获取、共享和利用知识，从而提高企业吸收能力。

（3）吸收能力对企业技术创新能力产生正向影响。这一结论表明，要提高企业技术创新能力，必须增强企业的吸收能力。

（4）吸收能力在知识搜寻与企业技术创新关系中存在中介作用，表明了企业提高吸收能力的重要性。同时，表明在吸收能力的传递作用下，知识搜寻能通过促进企业知识存量的增加、吸收、利用，以及带来更具有市场竞争优势的创新产品和工艺，从而提升企业的技术创新能力。

第四章 基于知识共享的产业技术创新战略联盟创新能力研究

第一节 引言

产业技术创新战略联盟由高校、企业、科研院所等机构组成，以提升技术创新能力为目标，通过知识创造、流动与共享，提高各成员的知识存量，形成优势互补、风险共担的协同创新平台，是新型协同创新组织形态，已成为实施国家创新驱动战略、建设技术创新体系的重要载体（张新启等，2022）。在国家有关政策的指导和支持下，自 2007 年 6 月启动试点工作以来，产业技术创新战略联盟在我国快速发展。

在产业技术创新战略联盟快速发展的同时，联盟合作创新的关键——知识共享的问题日渐突出。产业技术创新战略联盟本质是合作博弈，知识是合作创新的核心要素，知识共享是合作创新的关键，与合作创新的机制、绩效等相关。由于联盟成员在主观意愿、客观条件、利益诉求等方面存在差异，成员间在知识共享过程中难免会发生冲突和摩擦，容易导致成员间的信任度降低、违约风险增大、信息共享不畅、创新效率下降等。若不能解决这些问题，可能会导致联盟运行失败。Das 和 Teng（1996）研究发现，战略联盟的失败率约为70%。Spekman 等（1996）认为，战略联盟失败率约为60%。《2019 年度产业技术创新战略联盟活跃度评价报告》显示，2019 年科技部三批试点联盟 146 家和协发网网员联盟 11 家参与了中国国家级产业技术创新战略联盟活跃度评价，其中录入信息达到评价要求的联盟共有 99 家，而评价结果显示为活跃度一般和不活跃的联盟占比竟高达 46.5%，意味着 2/3 的战略联盟未能充分发挥作用。因此，战略联盟的知识共享过程能否顺利实施，关系到联盟运营的成败。然而，当前学界关于产业技术创新战略联盟的研究虽日趋丰富，但主要集中在诸如产业技术创新战略联盟的构建和运行机制（陈恒等，2021；赵炎等，2021）、分类与政府支持（孙亮等，2015；朱云鹃等，2021）、利益分配模式和稳定性（张瑜等，2016；段云龙等，2019；解学梅等，2020）、知识流动（杜鹏程和韦祎，2018）、突破式创新与创新绩效（万鹏宇等，2020；吕承超和王媛媛，2019）等方面，而在联盟知识共享的影响因素方面，却鲜有学者涉及。因此，本章基于产业技术创新战略联盟的特点，从知识共享过程出发，利用调查问卷，实证分析联盟知识共享的影响因素，旨在为加强联盟知识管理、知识创新提供借鉴。

第二节　理论基础与研究假设

借鉴 Nonaka（1995）、戴勇和胡明溥（2016）、马文聪和叶阳平（2018）等的研究结果，本章认为知识共享过程包括三个阶段：知识共享识别阶段、知识共享实施阶段、知识共享整合阶段，然后具体分析知识共享的影响因素。

一、知识共享意愿与知识共享识别阶段

为了实现技术创新的目的，创新主体会根据自身的知识需求，利用多种渠道识别合适的知识来源，当目标被正确识别时，又存在知识拥有者是否愿意进行知识共享的问题。一般来说，知识被认为是组织或者个人的私有财产，拥有

者不愿意将知识与他人无偿分享，知识共享本身是件十分困难的事情。侯曼等（2021）认为，在组织内部共享知识，可能会威胁员工在组织中的专属地位，降低个人竞争力，从而使员工不愿意无偿共享知识。学者们普遍认为，知识共享意愿的产生会受到激励的牵引。杨俊青等（2021）研究发现，物质奖励对知识共享具有显著的促进作用。刘和东和徐亚萍（2019）认为，创新合作主体中传授方知识共享意愿和共享能力与接收方的知识创造能力呈正相关。许慧等（2021）认为，知识共享不会自动发生，良好的激励体系会有效地促进创新主体分享知识，奖励手段对知识共享意愿具有显著的正向作用。当创新主体得到足够多的利益或者所需的相同数量知识时，其知识共享意愿会显著提升。在战略联盟中，既存在成员对知识分享的内在需求，又存在知识共享的激励机制，成员间会以契约的形式，在知识共享的利益分配上达成一致，从而提高联盟成员的贡献意愿。由此，提出以下假设：

H4-1：共享意愿对知识共享识别阶段有正向影响作用。

二、知识隐性特征与知识共享识别阶段

Nonaka（2009）将知识区分为显性知识和隐性知识。其中，显性知识是客观存在的理性知识，编码程度较高，能以数据、公式、图表等形式展现，可通过书籍、文件等手段在创新主体之间传播与分享。隐性知识的可表达性较低，编码难度较大，且不易传播和扩散，分享的成本较高。隐性知识位于日常的行为和经验中，存在私有性和排他性，是难以表述的技能、洞察力、信仰等，难以通过语言文字、数学公式等工具准确描述，只能在互动交流的过程中，通过感悟、体察等途径学习和领会，需要花费更多的交流时间与成本。张敏等（2016）认为，由于隐性知识的搜寻难度较大，知识扩散难度提升，对于知识接收者而言，隐性知识不易被整合吸收，知识共享必然存在障碍。姚柱和张显春（2021）认为，隐性知识具有默示性、复杂性、专有性等特征，其隐含性和分散性对知识共享存在负向影响，隐性知识越隐晦、越复杂，编码和共享的难度越大。隐性知识共享过程异常复杂，知识提供方要拥有良好的沟通和表达能力，应采取适当的方式将隐性知识传递给对方；知识接收方必须付出时间、精力和资源等，在互动中观察、领会并吸收隐性知识。因此，在战略联盟中，知识的隐性特征越显著，知识搜寻和知识获取的难度越大，越不利于知识共享目标的识别。由此，提出以下假设：

H4-2：知识隐性特征对知识共享识别阶段有负向影响作用。

三、主体异质性与知识共享实施阶段

主体异质性指联盟中的创新主体在属性上具有差异性，这会作用于知识传递过程，并对合作创新绩效产生影响。Pilar 等（2020）认为，主体异质性主要表现在两个方面：一是企业加入联盟的战略意图不同；二是合作过程中形成的关系具有异质性。Jing 等（2023）认为，创新主体异质性主要表现为目标、理解能力、价值观和文化四个维度。陈关聚等（2021）将组织异质性区分为目标距离、文化距离、知识距离和关系距离四个维度。Wang（2018）认为，合作双方在文化氛围、文化模式上的差距越小，知识传播的障碍越少，传播效率越高。在战略联盟中，企业、高校、科研院所在创新思维、文化氛围等方面存在差异，知识创造方具有传统的学术思维，企业方存在事务性思维，不同组织文化下的知识共享激励措施也不同。创新主体间的文化属性差异越大，合作创新中越容易产生冲突，不利于知识共享的实施。Fu 等（2022）认为，高强度关系会推动知识转移，有利于知识共享，在低关系强度中，知识难以传播。在战略联盟中，高校、科研院所与企业背景差异较大，若彼此建立较强的关系，则更愿意共享知识，随着交流和沟通的日渐频繁，关系强度逐渐增强，知识共享实施时所转移知识量增大，即关系距离变小，会促进知识共享实施。潘闻闻和邓智团（2019）认为，在创新主体异质性条件下，政府政策的强约束可以提升联盟成员间知识共享的有效性。由此，提出以下假设：

H4-3：主体异质性对知识共享实施有负向影响作用。

四、共享环境与知识共享实施阶段

知识共享环境指知识共享主体的组织文化、激励制度、协作创新网络、知识产权保护能力等。Soojin 等（2021）认为，组织文化会影响知识共享过程，

由于不同类型组织文化中激励政策的差异，知识共享水平也会有所不同。姜道奎（2017）研究发现，信任倾向对知识共享态度绩效中的共享意愿、员工满意有显著影响。刁丽琳和朱桂龙（2015）认为，产学研联盟成员间的信任对于知识共享行为十分重要，各方均不会因为私利而损害他人利益。信任是联盟成员进行知识转移的前提，尤其在隐性知识转移时，许多重要的信息无法编码，知识转移时需要面对面的沟通，知识提供方通常不愿意将一些经验、诀窍等隐性知识共享给不信任的接收方，故而信任环境对知识共享实施会产生影响。白景坤等（2022）认为，组织制度和群体文化均正向促进成员的隐性知识共享行为，坚持中庸之道的中国传统文化在总体上对隐性知识共享行为具有正向影响。徐芳和瞿静（2018）认为，协同创新网络对隐性知识共享行为产生正向影响。陈怀超等（2020）认为，有效沟通体系、激励措施将会促进协同创新隐性知识共享行为。战略联盟是一个利益共享、风险共担的组织，具有规范主体行为的相关制度，如收益分配制度、知识产权保护制度等，符合战略联盟目标的共享环境将能够保障知识共享的顺利实施。由此，提出以下假设：

H4-4：知识共享环境对知识共享实施有正向影响作用。

五、信息技术与知识共享实施阶段

知识共享实施阶段是知识由提供方向接收方传递的过程，通常需要相应的媒介，即使创新主体愿意交流和分享知识，但若缺乏对应的平台，也无法进行顺畅的知识分享。不同的交流平台，都需要一定的信息技术支持，若缺乏相关技术，知识共享实施的效率将大打折扣。通常可以利用编码、知识库和网络通信技术实现知识共享，信息技术增强了知识编码化和知识网络化的作用。随着移动互联网技术的发展，社交平台的不断涌现，通过移动互联网平台实现知识共享更为便捷。陈杨和罗晓光（2019）认为，移动互联网对知识的可达性，特别是知识的创造和共享途径产生显著的积极作用。Li等（2023）认为，企业都在纷纷挖掘组织内部中的隐性知识，移动互联网为企业知识共享提供了新的平台。Wu（2014）认为，具有移动性和便捷性的移动设备有利于人群的交往、信息的沟通和分享。Yu 等（2018）认为，物联网、云计算、移动和语义技术等对实现知识分享具有重要的促进作用。Krogh（2019）认为，在移动互联网时代，知识创造及共享过程的成本相对较低，基于"云"平台提供的移动服务功能，能有效地满足创新主体在知识共享过程中的个性化需求。胡刃锋和刘国亮（2015）研究显示，移动互联网的应用，流量资费的下降，物联网、云计算、三网融合等新的 IT 技术的发展对产学研协同创新隐性知识共享意愿有较大的正向影响，移动互联网环境对产学研协同创新知识共享意愿、共享行为的发生产生正向影响。

因此，在战略联盟中，利用信息技术可以搭建知识共享平台，构建信息数据库，以满足成员的知识交流和查询需求，从而保障知识共享的顺利实施。由此，提出以下假设：

H4-5：信息技术对知识共享实施有正向影响作用。

六、知识吸收能力与知识共享整合阶段

Nadia 和 Dennis（2021）认为，知识的吸收能力，是指知识接收方对外部信息的吸收和利用能力，这取决于知识接收方与提供方之间的公共知识，随着时间的推移，双方进行知识转移，会产生更多公共知识，吸收能力直接影响接收方对这些知识的理解、效仿和应用，其核心是对新知识的识别能力、消化能力和应用能力。Cabeza-Pullé 等（2020）通过强调过程视角提出了对吸收能力的更详细定义，他们将吸收能力定义为企业通过三个步骤利用外部知识的能力。第一步是进行探索性学习，帮助人们识别出外部环境中具有潜在价值的新知识；第二步是通过变革性学习吸收知识；第三步是通过利用性学习将吸收的知识商业化。Wang 等（2020）研究表明，在新兴经济体国家，知识吸收能力在企业网络关系与颠覆性创新之间起着中介作用。张爽和陈晨（2022）认为，知识吸收能力促进了研发团队创新绩效，且在部门整合能力与创新绩效间存在中介效应。叶传盛和陈传明（2022）认为，知识吸收能力对企业创新绩效具有显著的正向影响。在战略联盟中，成员在接收到新知识后，会经历一系列的知识吸收过程，当接收方的知识吸收能力较强，且所获取的信息与自身的知识

储备相吻合时，有利于新知识的吸收和利用。因此，联盟成员的知识吸收能力对知识共享整合而言至关重要。由此，提出以下假设：

H4-6：知识吸收能力对知识共享整合有正向影响作用。

七、知识共享过程与知识共享效果

综上所述，在产业技术创新战略联盟中，若知识共享识别阶段、知识共享实施阶段、知识共享整合阶段都能顺利完成，则联盟成员间能够针对技术创新目标所需的知识，在适当的范围内选择共享，按照相关的契约和制度，获取相应的收益，彼此形成强烈的信任关系，知识接收方根据自身实践加强学习、领悟并整合新知识，最终将知识应用于实践，达到技术创新的目的。由此，提出以下假设：

H4-7a：知识共享识别阶段对知识共享效果有正向影响作用。

H4-7b：知识共享实施阶段对知识共享效果有正向影响作用。

H4-7c：知识共享整合阶段对知识共享效果有正向影响作用。

综上所述，提出产业技术创新战略联盟知识共享影响因素模型，如图4-1所示。

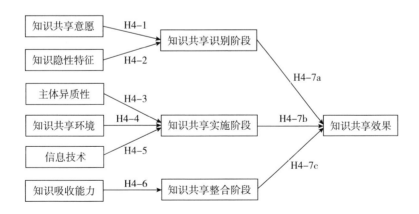

图4-1 产业技术创新战略联盟知识共享影响因素模型

第三节　研究方法和数据分析

一、研究对象与量表设计

本章拟采用调查问卷的方式收集数据，为保证测量工具的科学性，测量变量和问题项都来自国内外文献中广为应用的成熟量表，在此基础上，结合产业技术创新战略联盟的自身特点，进行了必要和适度的改进，各变量的具体测量指标如表4-1所示。调查问卷采用李克特5级量表，其中，1表示与问题项描述完全不相符，5表示与问题项描述完全相符。问卷基本完成之后，邀请2位专家提出修改意见，而后经过了前测，进一步完善问卷事项。

表4-1　变量的测量指标

变量	代码	问题项
知识共享意愿	SW1	愿意向知识提供方支付成本
	SW2	联盟内部存在健全的知识共享激励机制
	SW3	合作方不会制定一些阻碍知识分享的限制性措施
知识隐性特征	RC1	需要经过合作方的专家培训才能掌握知识
	RC2	知识专业性很强，难以模仿和学习
	RC3	需要花费很长时间才能找到所需知识
主体异质性	BH1	与合作方的战略目标差异较大
	BH2	与合作方的组织文化差异较大
	BH3	与合作方的知识背景差异较大
	BH4	与合作方的沟通频率很低
知识共享环境	SE1	联盟内形成了良好的协同创新环境
	SE2	联盟内构建了完善的知识产权保护体系
	SE3	联盟成员形成了良好的信任关系

续表

变量	代码	问题项
信息技术	IT1	联盟内搭建了可供成员顺畅交流的信息平台
	IT2	联盟内构建了可供成员查询所需知识的信息数据库
知识吸收能力	AC1	有专门从事知识接收工作的部门
	AC2	对知识研发创新有大量的资金投入
	AC3	容易将新知识用于实践
知识共享识别	TR1	能很快发现联盟内的新知识
	TR2	能很快发现新知识对于弥补本组织现有知识的不足
知识共享实施	SI1	我方会与合作方分享自己的知识
	SI2	合作方会将知识分享给我方
	SI3	知识共享的内容越来越多
	SI4	对合作方的专有知识越来越熟悉
知识共享整合	SC1	组织成员能将新知识与已有知识相融合
	SC2	组织成员能在项目层面整合各自的经验知识
	SC3	跨组织成员都能开发一个共享的项目概念
知识共享效果	SR1	通过知识分享，新技术的开发成本降低
	SR2	通过知识分享，组织成员的工作效率提升
	SR3	通过知识分享，组织的知识储备丰富
	SR4	通过知识分享，实现了知识共享的预期目标

二、数据收集与样本特征

为保证样本的可靠性，此次问卷发放主要采取纸质问卷和电子邮件的方式，问卷发放对象主要集中于陕西西安的产业技术创新战略联盟，如陕西省机器人产业技术创新战略联盟、陕西省新能源汽车产业技术创新战略联盟、陕西省高功率激光器及应用产业联盟等，对其中的管理人员或技术人员进行问卷调查。本次发放问卷450份，共回收问卷392份，剔除无效问卷后，得到有效问卷347份，占回收问卷的88.5%，样本数量满足结构方程模型的要求。问卷还统计了样本的基本特征，如表4-2所示。

表 4-2 样本的基本特征

项目	属性	样本数（份）	百分比（%）
职位	高层管理者	47	13.54
	中层管理者	105	30.26
	专家	72	20.75
	一般技术人员	123	35.45
机构类型	高校	95	27.38
	科研院所	78	22.48
	企业	174	50.14
所属行业	装备制造	69	19.88
	新能源	37	10.66
	电子信息	95	27.38
	生物医药	57	16.43
	其他	89	25.65
教育背景	博士	93	26.80
	硕士	135	38.90
	本科	84	24.21
	大专及以下	35	10.09

三、信度与效度分析

在现有研究中，通常采用 Cronbach's alpha 系数反映设计量表信度，一般认为，当 alpha 系数大于 0.7 时，表示信度较高；当 alpha 系数大于 0.9 时，表示信度非常高。本章利用 SmartPLS 软件和偏最小二乘方法，对收集数据进行统计分析和假设检验。数据分析结果如表 4-3 所示，每个测量项的 Cronbach's alpha 系数均在 0.7 以上，表明测量项信度较高。组合信度 CR 值皆大于 0.8，表明模型存在良好的内部一致性。平均变异数抽取量 AVE 值皆大于 0.5，表明模型存在良好的聚合效度。同时，本章还给出测量变量的相关系数和 AVE 平方根，如表 4-4 所示。可以发现，AVE 平方根值均大于变量之间的相关系数，表明模型的区分效度较好。

表4-3　信度和效度

项目	Cronbach's alpha	CR	AVE
知识共享意愿（SW）	0.855	0.921	0.796
知识隐性特征（RC）	0.833	0.907	0.777
主体异质性（BH）	0.786	0.891	0.745
知识共享环境（SE）	0.810	0.896	0.755
信息技术（IT）	0.901	0.940	0.838
知识吸收能力（AC）	0.868	0.927	0.819
知识共享识别（TR）	0.749	0.880	0.725
知识共享实施（SI）	0.849	0.916	0.793
知识共享整合（SC）	0.904	0.947	0.842
知识共享的效果（SR）	0.768	0.885	0.737

表4-4　区分效度

指标	SW	RC	BH	SE	IT	AC	TR	SI	SC	SR
SW	0.871									
RC	0.563	0.869								
BH	0.537	0.543	0.867							
SE	0.612	0.445	0.531	0.842						
IT	0.656	0.554	0.451	0.520	0.853					
AC	0.559	0.516	0.536	0.626	0.573	0.872				
TR	0.591	0.422	0.511	0.530	0.359	0.492	0.845			
SI	0.603	0.576	0.512	0.526	0.476	0.643	0.574	0.891		
SC	0.396	0.524	0.526	0.458	0.497	0.504	0.553	0.521	0.886	
SR	0.478	0.496	0.563	0.624	0.615	0.524	0.354	0.476	0.482	0.897

最后，测量项的因子载荷量和交叉因子载荷量如表4-5所示。可以发现，所有测量变量的因子载荷都在0.8以上，且达到显著水平。同时，测量变量与其潜在变量相关性较高，而与别的潜在变量相关性较低，这表明模型的区分性和内部一致性都较好。

表4-5　因子载荷量和交叉因子载荷量

指标	SW	RC	BH	SE	IT	AC	TR	SI	SC	SR
SW1	0.867	0.469	0.621	0.637	0.476	0.569	0.543	0.530	0.536	0.498
SW2	0.852	0.496	0.595	0.589	0.488	0.464	0.379	0.512	0.468	0.523
SW3	0.891	0.533	0.566	0.568	0.452	0.397	0.457	0.489	0.472	0.364
RC1	0.526	0.902	0.633	0.604	0.591	0.543	0.514	0.494	0.556	0.472
RC2	0.534	0.858	0.521	0.525	0.484	0.614	0.533	0.438	0.504	0.399
RC3	0.539	0.883	0.367	0.471	0.484	0.612	0.488	0.528	0.396	0.521
BH1	0.483	0.447	0.854	0.399	0.462	0.548	0.436	0.634	0.601	0.539
BH2	0.391	0.399	0.894	0.348	0.486	0.437	0.470	0.454	0.514	0.557
BH3	0.385	0.409	0.833	0.458	0.511	0.429	0.372	0.356	0.436	0.542
BH4	0.424	0.380	0.871	0.488	0.354	0.420	0.453	0.460	0.347	0.572
SE1	0.566	0.537	0.307	0.874	0.368	0.564	0.437	0.428	0.399	0.628
SE2	0.652	0.613	0.532	0.859	0.536	0.508	0.429	0.470	0.425	0.637
SE3	0.619	0.635	0.421	0.845	0.521	0.434	0.517	0.427	0.433	0.536
IT1	0.363	0.555	0.385	0.366	0.857	0.473	0.529	0.394	0.536	0.419
IT2	0.521	0.573	0.389	0.487	0.848	0.463	0.436	0.386	0.613	0.427
AC1	0.534	0.564	0.424	0.623	0.500	0.857	0.413	0.606	0.635	0.385
AC2	0.474	0.427	0.421	0.540	0.512	0.864	0.359	0.514	0.534	0.364
AC3	0.421	0.470	0.446	0.518	0.535	0.881	0.345	0.428	0.557	0.374
TR1	0.407	0.489	0.437	0.441	0.497	0.450	0.912	0.438	0.564	0.515
TR2	0.393	0.474	0.530	0.477	0.476	0.439	0.868	0.472	0.482	0.533
SI1	0.385	0.537	0.562	0.454	0.530	0.521	0.420	0.857	0.432	0.596
SI2	0.466	0.395	0.570	0.509	0.638	0.427	0.428	0.881	0.472	0.642
SI3	0.434	0.347	0.682	0.536	0.611	0.347	0.467	0.848	0.398	0.475
SI4	0.482	0.569	0.347	0.510	0.531	0.428	0.514	0.831	0.417	0.473
SC1	0.431	0.468	0.390	0.614	0.425	0.419	0.366	0.512	0.917	0.447
SC2	0.561	0.434	0.437	0.601	0.435	0.440	0.380	0.503	0.891	0.365
SC3	0.567	0.440	0.591	0.534	0.345	0.537	0.429	0.486	0.867	0.354
SR1	0.535	0.505	0.630	0.489	0.434	0.527	0.432	0.475	0.582	0.924
SR2	0.473	0.512	0.578	0.475	0.389	0.513	0.469	0.524	0.384	0.876
SR3	0.526	0.536	0.533	0.539	0.375	0.487	0.472	0.536	0.426	0.887
SR4	0.455	0.625	0.516	0.447	0.486	0.493	0.365	0.604	0.472	0.893

四、模型分析与假设检验

结构方程模型（SEM）采用线性方程验证可观测变量与潜在变量之间的关系，能处理具有多个指标的潜在变量，还能同时处理多组自变量与因变量的关系，且允许其中含有测量误差，比传统的回归分析更为精确，在实践中得到广泛应用。因此，本章采用结构方程模型进行路径分析和假设检验，将构建的理论模型和收集的数据导入 SmartPLS 软件，得到路径系数、T 值和显著性水平，如图 4-2 所示。从中可以发现，9 个假设均得到验证。其中，假设 4-2、假设 4-5、假设 4-6、假设 4-7a、假设 4-7b、假设 4-7c 在 1% 的水平显著，假设 4-1、假设 4-4 在 5% 的水平显著，假设 4-3 在 10% 的水平显著。

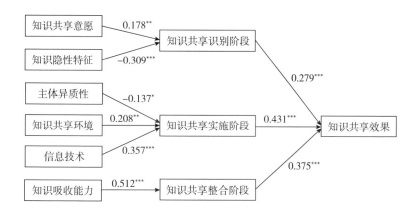

图 4-2　结构方程模型结果

注：* 表示 $p<0.05$，** 表示 $p<0.01$，*** 表示 $p<0.005$，ns 表示不显著。

五、实证结果分析

从模型中可以发现：知识共享意愿对知识共享识别阶段具有显著的正向影响，而知识隐性特征对知识共享识别阶段具有显著的负向影响，同时，知识共享识别阶段对知识共享效果具有显著的正向影响，表明知识共享识别阶段在知识共享意愿、知识隐性特征与知识共享效果中均起到中介作用。在战略联盟中，当成员识别到自己的知识缺口，存在知识分享的内在需求时，那么在知识共享激励机制的作用下，就会提高成员知识共享的意愿，从而产生技术创新等良好的效果。当知识隐性特征较显著时，知识难以通过文件、图表等形式进行传播，可能需要知识提供方进行面对面的培训，这不仅会增加知识的搜寻和获取难度，还会增加知识共享的成本，从而不利于技术创新。

主体异质性对知识共享实施阶段具有显著的负向影响，知识共享环境对知识共享实施阶段具有显著的正向影响，信息技术对知识共享实施阶段具有显著的正向影响，同时，知识共享实施阶段对知识共享效果具有显著的正向影响，表明知识共享实施阶段在主体异质性、知识共享环境、信息技术与知识共享效果中均起到中介作用。在战略联盟中，企业、高校、科研院所等创新主体在战略目标、组织文化等方面的差异越大，彼此之间交流合作的难度越大，知识传播的障碍越大，知识共享实施的成本越高，成员间的信任关系随之降低，关系距离增大，这都不利于知识共享实施。完善的收益分配制度、知识产权保护制度、激励制度会保障知识提供方的利益，使得提供方在知识共享过程中得到合理回报，只要收益大于创新成本，就会激励提供方加大创新力度和知识共享行为，以获取更多的收益。同时，也会对其他联盟成员产生示范带动作用，从而提升联盟内的知识共享水平和技术创新水平。信息技术的发展为知识共享实施提供了更多便利，如构建信息数据库、信息交流平台等，共享双方可便捷地在数据库中查询所需知识，且通过平台进行知识分享，可减少知识传播障碍，降低知识共享实施成本，从而有利于技术创新。

知识吸收能力对知识共享整合阶段具有显著的正向影响，而知识共享整合阶段对知识共享效果具有显著的正向影响，表明知识共享整合阶段在知识吸收能力与知识共享效果中起到中介作用。在战略联盟中，成员能否真正将接收的新知识转化为本组织的知识，直接关系到知识共享效果。但知识整合程度取决于组织自身的知识吸收能力，当接收方具有专门的知识接收机构时，学习意愿较强，具备知识管理、内化、吸收和应用的能力，且自身的知识储备越丰富，那么知识共享效果就越好，越有利于技术创新。

本章小结

本章基于产业技术创新战略联盟的特点，从知识共享过程出发，运用问卷调查和结构方程模型，实证分析联盟中知识共享的影响因素，得到如下结论：第一，知识共享意愿对知识共享识别阶段具有显著的正向影响，而知识隐性特征对知识共享识别阶段具有显著的负向影响；主体异质性对知识共享实施阶段具有显著的负向影响，知识共享环境、信息技术对知识共享实施阶段具有显著的正向影响；知识吸收能力对知识共享整合阶段具有显著的正向影响。第二，基于过程视角，知识共享过程可区分为知识共享识别阶段、知识共享实施阶段和知识共享整合阶段，知识共享的过程正向作用于知识共享效果。这三个阶段效率的提升会降低联盟成员的共享成本，增强吸收彼此知识的能力，提高员工的工作效率，丰富组织的知识储备，从而圆满实现战略联盟的预期目标，达到良好的知识共享效果。第三，知识共享过程在影响因素与知识共享效果关系中存在中介作用。

第五章　基于知识三角的高校
协同创新能力研究

第一节　引　言

　　2000 年，欧盟在《里斯本战略》报告中正式提出"知识三角"概念，认为科研、教育和创新三大知识领域形成了协同互动的"知识三角"生态系统。通过三者之间系统性和持续性的协同互动，能够赋予每个要素"协同放大"的效用，从而实现价值的最大化，避免了三大知识领域的孤立性和静态性，揭示了科研、教育、创新之间的内在关系，如图 5-1 所示。

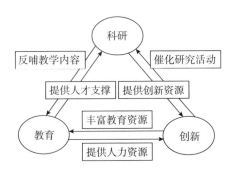

图 5-1　"知识三角"生态系统框架

2006 年，欧盟发表《实现欧洲大学现代化日程：教育、研究与创新》报告，主张创建具有较强区域和全球特质的"知识联盟和知识区域"。2008 年，欧盟创建欧洲创新工学院（EIT），依照"知识三角"逻辑，整合其三边关系，组成"知识与创新共同体"（KICS），构建大学、企业与研究机构的有效关联，促进技术创新与成果转化。2010 年、2014 年，欧洲创新工学院（EIT）相继启动了一批知识与创新共同体，试图聚集创新要素资源，促进知识共享，以维持欧洲经济的可持续发展。2010 年，芬兰的多所大学联合组建了以科研、教育、创新为核心职能的阿尔托大学，先后围绕气候变化、城市规划、能源等社会问题，率先启动了"激活社会研究项目""阿尔托社会创新联盟"等知识三角战略计划。美国为了推广以大学为基地的研究联盟模式，组建"工业—大学合作研究中心"（I/UCRC），通过颁布《史蒂文森—怀德勒技术创新法案》《贝多法案》《联邦技术转移（资本化）法》等一系列法案，不断巩固 I/UCRC 的发展。加拿大为提升国家科技创新能力，组建"卓越中心网络"，并逐渐发展成为包括"卓越中心网络""商业与研究卓越中心"等五个创新联盟。20 世纪 90 年代，日本通过联合高校、科研机构和企业的研究力量进行技术攻关，推行"技术研究组合"模式，大幅缩短了科技创新成果的转化周期。韩国颁布《技术转移促进法》，由国家电子通信研究所牵头，联合三星、LG、大学等科研单位，对存储芯片等电子领域的关键技术进行协同攻关，取得了不菲成就。

综上所述，"知识三角"战略将科研、教育、创新三大知识领域融为一体，构成了三者相互促进与发展的创新生态系统，充分体现了协同创新逻辑。面对这一新的高校创新模式，我国给予了高度重视。2011 年 4 月，胡锦涛总书记在清华大学百年校庆上明确指出高校要积极推动协同创新，鼓励高校通过体制机制创新和政策项目引导，同科研机构、企业开展深度合作，建立协同创新的战略联盟，促进资源共享。2012 年 5 月，教育部、财政部联合启动实施了"高等学校创新能力提升计划"（以下简称"2011 计划"），此后又出台了《教育部、财政部关于实施高等学校创新能力提升计划的意见》，就积极推动高校协同创新作出了战略部署。"2011 计划"立足于创新型国家建设和创新驱动发展战略，旨在通过开展协同创新突破体制机制壁垒，盘活创新资源，激发创新活力，切实提升高等学校创新能力。高校作为我国创新体系的主体，已经在科学研究、人才培养和技术创新等方面形成了巨大优势，逐渐成为推动协同创新的主要力量。2014 年，我国高校在校研究生 184.77 万人，其中，博士生 31.27 万人，硕士生 153.5 万人；高校研究实验与发展（R&D）项目数为 76.67 万个，占全国的 61.71%；从事 R&D 的科研人员，尽管在数量上只占全国总量的 14.25%，却获得全国 53.57% 的基础研究经费；高校发表 SCI 论文 19.5 万篇，占全国的 83.0%；高校获国家自然科学基金资助金额约为 114 亿元，资助数量 17888 项，占排名榜前 100 名总数的 95%。2014 年，在科技部公布的 9302 个结题不满三年的国家重大课题中，由高校承担主体或牵头承担的课题占 44.6%。这些都说明高校已成为基础研究、创新型科技人才培养、推动战略性新兴产业发展的主要力量。但与发达国家相比，我国高校在深层次协同创新方面仍存在不足之处：高校拔尖创新人才培养体系不健全、缺乏有效的高校创新团队管理体制、高校基础研究经费投入强度不够、高校科技成果转化和推动战略性新兴产业发展的能力有待提升等。

为了全面提升高校创新能力，积极贯彻落实国家"2011 计划"，加快推进创新型省份建设，陕西高校围绕国家和陕西经济社会发展的重大需求，结合自身优势和特色，积极组建涉及多个不同领域的协同创新中心。2014 年 10 月，在国家公布的第二批 24 个"2011 协同创新中心"中，西安交通大学牵头组建的高端制造装备协同创新中心、西安电子科技大学牵头组建的信息感知技术协同创新中心入选。除此之外，截至 2015 年，陕西还认定了 28 个省级"2011 协同创新中心"，分别来自 15 所高校。2014 年出台《陕西省关于深化改革推进高等教育内涵式发展的意见（2014—2020 年）》，2015 年出台《陕西省 2011 协同创新中心认定暂行办法》等法规政策，为进一步提升陕西高校协同创新能力，深化产学研合作，加快科技成果转化奠定了基础。但当前的学科研究已经进入了一个讲求多方合作、协同创新的"大科学"时代，更加注重学科的交叉继承与科学技术高度统一，作为国家丝绸之路经济带建设的新起点和科教大省，如何发挥陕西高校、科技资源集中的优势，进一步促进全省"2011

计划"的实施，提升高校科技创新水平，建立产学研协同创新机制，为经济社会发展提供重要科技支撑，是陕西面临的重要挑战。

按照知识活动的一般特征，协同创新过程是集知识生产、知识传播和知识转移应用为一体的耦合过程，其关键是形成以高校为核心要素，以政府、企业、中介组织、创新平台等为辅助要素的多元主体协同互动的网络创新模式。因此，以知识生产理论、知识传播理论和知识转移理论为基础，构成了协同创新的理论框架。通过梳理前人研究内容，本章从知识生产能力即科学研究、知识传播能力即人才培养、知识转移能力即产业技术创新、知识三角下高校协同创新四个角度展开分析。

一、知识生产能力

知识生产是知识运动和协同创新过程的首要环节，主要由不同部门分工完成不同类型的知识生产。2000年，经合组织（OECD）将知识生产定义为个人或者组织能够成功地开发、生产新知识，并将之应用实践。邓明和钱争鸣（2009）认为，狭义的知识生产指新知识的生产，而广义的知识生产则包括知识的原创性生产和复制性生产。杜燕锋和于小艳（2022）认为，从狭义的角度看，知识生产过程的实质是知识创新，也是科学发现和技术发明，可见创新的本质即知识生产。尽管许多学者都给出不同的定义，但总的来看，知识生产可归纳为：在人类社会的活动中，各种不同类型知识的发明、创造、创新和复制过程，如真理、原则、思想、信息、科学技术等。知识生产具有多样性、永久性和持续性特征，即知识表现形式和生产主体多样性，以及知识生产"原料"的永不枯竭，而大学正是知识生产的主要来源（Boussebaa，2021）。

许多学者试图从知识生产模式的演变和知识生产过程的度量等方面，对知识生产进行深入研究。王安宇等（2010）将知识生产模式分为两种：独立模式与合作模式，前者主要依靠自身能力和资源从事知识生产，后者指通过与其他组织共享知识生产要素而取得共同或互补知识，知识生产模式正是由以"独立"为主转变为"独立"与"合作"并重。胡德鑫和纪璇（2022）认为，高校知识生产方式既具有一般性，又有其独特内涵，故而将其演变的过程分为书斋型、实验室型以及企业型。因此，高校协同创新中的知识生产过程是合作模式与企业型相结合的方式。知识生产模式的转变对高校提出了更高的要求，即高校需要对当前的科研创新体系进行改革，从传统的"知识导向"向"以解决问题为核心"转变。目前，在知识生产过程的定量研究方面，主要有：Griliches（1979）最早提出了知识生产函数，随后的 Jaffe（1989）、Shyama 等（2008）、Williamson（2022）等学者对其进行了改进，但均假设在知识创新过程中，产出是研发活动投入的函数，可用 Cobb-Douglas 函数描述。Marcus 和 Masahisa（2012）还分析了文化因素及其多样性对知识生产的影响。

关于高校知识生产能力的测量，现有研究主要从以下几个方面展开：组织资源，如产业资助来源、财政资助水平、固定科研组织机构等（Bozeman and Gaughan，2007；Hallinger and Hammad，2019）；人力资本，如科技人员的质量和规模、科研人员的流动性、跨学科性等（Schartinger et al.，2001；Hanelt et al.，2021）；知识存量，如高校科研人员知识存量、学术产出、学术论文和专利、任职经验等（Boardman and Ponomariov，2009；Haeussler and Colyvas，2011）。

二、知识传播能力

知识传播是联系知识生产与应用的中间环节，它在知识提供者和知识应用者之间建立联系。知识只有通过应用才能实现其价值，把有用的知识传递给合适的使用者，使更多的人掌握该知识，可以实现知识到价值的转变过程，促进知识的广泛应用，主要包括传播者、受传者、传播的内容、传播渠道、知识信息流动五个基本特征（Murray and Graham，2007；Zhu et al.，2022）。高校知识传播过程强调了以教育为核心，其实质是老师与学生等个体间以传授方式进行的人才培养过程，参与知识传播的个体主要有三类：知识学习者、知识传播者、知识遗弃者（Mathiasen，2012）。此外，知识传播的研究还集中在知识编码及其相关问题上。知识编码指通过将隐性知识简化和转化为可传递的信息，然后对这些知识进行处理或重新组合的过程。知识编码是知识传播的重要前提，分析知识编码的过程，其实质也是知识传播的过程之一，高校以教学形式开展知识传播，正是对知识进行系统性编码形成课程体系的过程（Nikolopoulou et al. ，2021）。

知识传播不是一个自然流通的过程，而受到知识传播环境、时空环境、文化背景、心理状态、信誉意识、知识接收者能力等因素影响。邓灵斌（2009）提出，知识传播的动因由组织情感、兴趣爱好、互惠互利、声誉等内驱力以及知识接收成本、社会需求等外推力共同组成。Sankowska（2013）认为，激励个人传播知识和吸收知识的最主要心理动机分别是追求成就感以及工作的挑战性。Zhu 等（2022）对中国农村地区的研究发现，政府参与、传播能力、学习动机与信任、知识载体的复杂性与丰富性是影响知识传播效果的关键因素。

关于高校知识传播能力的测量，主要从人才培养的角度展开，可分为：知识编码化，高校学生在获取知识过程中，不仅是要从课堂中直接获取显性知识，还需通过实践活动获取隐性知识，故需要通过对隐性知识的编码，使之成为易于传播的显性知识，而隐性知识编码的形式主要包括课程、教材的开发和出版著作等（简世德，2010）；教学资源配置，如采用"探究式"的教学取代简单的知识传授，培养学生的学习能力、批判精神和创造能力，建立科研和教学并重的资源配置模式等（赵华晔和孙振东，2022）。

三、知识转移能力

知识转移的概念最早由 Zander（1991）提出，他认为知识转移指知识经由传授方转移给接收方的过程，其目的在于使后者吸收、积累并运用新知识，是一种"知识拥有者"与"知识接收者"之间的动态互动过程（Brescia et al. ，2016）。孟凡静和李克荣（2008）认为，知识转移可分解为知识落差、知识需求、被知识接收者吸收和整合等过程。Zhao 和 Anand（2009）将知识转移定义为：知识在知识提供方和知识接收方之间的传递，使其能被接收方所学习和采用。Maurer 等（2011）认为，知识转移包括知识资源的运用（搜寻）、同化和利用。当然，由于协同创新是异质性组织的协同效应，那么必然存在不同组织之间知识转移的层次与类型之分，主要有个体、团队和组织三个层次，知识转移就发生在个体与团队之间、个体与组织之间、团队与组织之间、组织与组织之间等（Marbun et al. ，2020）。

随着研究的深入，学者们逐步从较为系统的角度即知识本身特性、知识转移主体特性以及知识转移情境要素等分析决定知识转移能否成功的关键因素，如知识的嵌入性、可描述性、组织距离、接收者吸收与转化知识的能力、文化障碍、激励、决策者态度、知识管理系统、组织环境、信任程度、联盟成员的保护和转移能力、文化差异与组织差异、网络能力等（Al-Tabbaa et al.，2014；Hung et al.，2015）。在协同创新过程中，高校在知识转移中所发挥的作用越来越受到学者们的关注，认为高校在产业合作中知识转移的主要影响因素包括所转移知识的特性、组织特性、组织文化和人的因素等，在产学研合作中，知识转移会遇到障碍，知识相对不易移动，在知识转移过程中，要克服知识不易流动的黏滞性（Zeng et al.，2021）。

关于高校知识转移能力的测量主要从以下方面展开：社会资本，如网络联系强度、信任度和共享的价值观（刘芳，2012；李梓涵昕等，2015）；组织距离，包括地理距离、价值观距离、技术距离、制度距离、认知距离等，其长短直接决定了知识转移绩效（陈怀超等，2014；Chung et al.，2021）；激励机制，由一系列复杂的物质和非物质要素构成，如声誉动机、物质动机、探索动机等（赵丽梅和张庆普，2013；郑舒文，2022）。

四、知识三角下的高校协同创新

协同创新指创新资源和要素有效汇聚，通过突破创新主体间的壁垒，充分释放彼此间"人才、资本、信息、技术"等创新要素活力而实现深度合作。1971年，哈肯在系统论中创建了"协同学"，随后形成了协同创新的先期理论基础即协同制造。20世纪80年代以后，以促进科研成果商业化、加强基础研究与产业发展之间联系的合作创新模式日益流行（Yang，2015）。最初合作创新模式主要表现为研发与合作企业之间的战略联盟，通过双方资源互补，提高战略联盟者在市场中的竞争优势，但这一模式只是让资源在合作双方间得到共享（王玉梅等，2013）。到了后期，合作创新模式进一步演变为科研机构、高校与企业三者之间的产学研合作。"萨巴托三角"理论、"三重螺旋"理论都强调了大学、企业和政府在知识生产、传递与应用过程中的合作创新，通过汇集资源以消除异质性组织的边界，进行知识的生产、扩散和转移（金惠红等，2015）。20 世纪 90 年代，Chesbrough 教授提出"开放式创新"模式，即各创新主体之间彼此渗透，通过整合内外部的创新要素资源实现创新，为协同创新理念提供了理论基础。近年来，有学者开始探索协同创新中各要素之间的交互效应及其对协同创新能力的影响，反复论证了学术机构和企业间合作对创新能力的推动作用（项杨雪等，2015）。

国内外关于以高校为主体的协同创新研究，已形成了较为丰富的研究成果，主要集中在关于协同创新的动机、机理、模式选择及影响因素等，高校作为协同创新的主体地位逐渐得到认可（Perkmann and Walsh，2007；张宝歌，2015；尹洁等，2016）。协同创新也被认为是知识在高校、企业、创新中介平台等创新主体之间流动，通过不断的知识溢出、知识转移和知识扩散，形成以"知识增值"为核心的价值创造过程（邵云飞等，2015）。那么，从知识三角看，高校协同创新是以知识流动为核心，通过科学研究、人才培养和产业技术创新之间的协同互动，实现知识价值增值的过程。随着协同创新的推进和深化，有关其绩效问题也引起了众多学者的关注（Fuentes and Dutrénit，2016；许学国和吴鑫涛，2023）。当然，由于学术背景和行业的迥异，会存在多种差异化的协同创新路径，由此能够辨别协同创新的强度及产出水平，从而衡量协同创新能力（Fort and Cerny，2022）。

在高校协同创新过程中，知识生产、知识传播、知识转移对协同创新能力都会产生重要影响。第一，高校作为知识生产的重要阵地，科学研究不仅是大学的竞争力所在，还是人才培养与技术创新的根本途径。同时，为了在日益激烈的市场竞争中取得优势地位，企业对前沿技术和主导技术的追求越来越迫切，这为高校和企业在知识生产与开发方面协同合作创造了条件。因此，扩大高校的知识再生产，是推动协同创新的关键前提（李习保和解峰，2013）。第二，高校在人才培养过程中，通过知识传播，将隐性知识与显性知识进行相互转换，具体路径包括学生参与研发项目、研究成果的课程化、师生之间共同发表论文、对外部信息的内化学习。可见，知识传播是培养高素质人才的重要手段，可提升高校的知识传播能力，有助于提高协同创新过程中的人才培养

（颜建勇等，2022）。第三，在知识转移过程中，高校的主要作用是把知识转变为一种智力资源、能力表现，通过与企业的合作，将知识这一无形资本投入到经济运行中，从而获取超额收益。也就是说，通过与企业的合作，高校应承担起知识转移的任务。那么，社会资本、组织距离和激励机制等众多因素，会通过不同的方式，从多个角度影响协同创新能力的提升（Bell and Pham，2021）。

五、研究评价

从现有研究看，高校协同创新问题日益受到学者们的广泛关注，已有成果也为高校协同创新能力的研究奠定了坚实的理论基础。但总的来看，现有研究还存在不足之处：①研究角度比较分散，大部分研究从知识生产、知识传播和知识转移的一个角度单独展开，涉及层面分割，还未能形成基于知识三角的完整系统的高校协同创新研究体系。②定性研究较多，缺乏从定量的角度研究高校知识生产、知识传播和知识转移及其互动对高校协同创新能力的影响。③缺少基于知识三角研究高校协同创新能力提升路径的相关文献，对知识生产能力、知识传播能力与知识转移能力的内容构建、变量测度、协同创新能力评价的相关研究较少。

本章的研究将针对上述不足，从以下几个方面展开：①对高校协同创新机制进行完整的、系统的理论研究。高校协同创新机制问题在我国引起了众多学者的足够重视，产生了一些与之相关且具有价值的观点和思路，但缺乏对高校协同创新机制系统的、整体的、全面的研究。尤其是伴随着协同创新范式的不断演变，高校在科学研究、人才培养、技术创新中的优势作用将越来越显著，是协同创新的主导力量。本章从知识三角出发，整合知识生产、知识传播和知识转移理论，进一步揭示如何从科学研究、人才培养、技术创新之间的协同互动中提升高校协同创新能力。②加强对陕西高校知识生产、知识传播、知识转移能力及协同创新能力的量化测度研究。现有研究以定性分析为主，定量分析较少，且很少从三者互动的角度评价协同创新能力。从实际应用看，只有系统地对陕西高校知识生产、知识传播和知识转移能力及协同创新能力进行量化研究，才能掌握能力因素对协同创新能力的影响路径，进而对提升陕西高校协同创新能力提出有针对性的举措。③对如何提升陕西高校协同创新能力进行深入研究。通过实证分析陕西高校知识生产能力、知识传播能力和知识转移能力及其互动对协同创新能力的作用机理，明确影响陕西高校参与协同创新的主导能力因素，就如何基于知识三角及其协同互动而提升陕西高校协同创新能力提出对策建议。

第二节　研究假设

一、知识生产能力对协同创新能力的影响

科学研究是高校重要的职能之一，更是研究型高校的立校之本。同时，随着市场竞争的加剧，技术创新对于企业而言越来越重要，甚至是企业的生命线。促进高校与企业的紧密合作，发挥各自的优势，是有效提升产学研合作绩效的重要前提。许多学者从知识生产要素构成角度，分析资本、劳动力和知识存量对高校协同创新能力的影响机制。

首先，从资本要素角度看。不同的资助来源和水平通常决定着高校知识生产能力，从而影响高校参与协同创新的绩效。一方面，高校通过调动和重新配置资源，为技术创新提供所需的仪器设备，进而产生协同合作动机；另一方面，企业出资可以强化与外界合作网络的关系，进而获得知识生产所需要的基础条件，提升科研人员知识生产的质量和产出效率。在提高知识生产能力方面，政府资金的支持是一种主要方式，大学科技人员参与到政府的支持中，可以更好地提高他们的科研能力，进而为他们在产学研合作中的知识生产能力提升打下坚实的基础。同时，在大学与科研院所之间的互动关系中，大学的知识生产能力对于两者之间的互动关系有重要的影响。由产业出资设立研究机构，可以增强学界的科研人员与工业界间的关系，这对高校获得知识生产所需要的资源更加有利，从而提升其知识生产的能力。

其次，从人力资本角度看。大学开展知识生产，除需要满足一定的物质性因素外，还应充分考虑到人的因素。大学研究人员是知识生产中的关键要素，他们的个人能力与综合质量常常会对产学研结合中的知识生产效率产生重要影响。基于此，不少研究尝试从人才素质与数量两个维度，探讨研究机构的知识生产能力对产学研绩效的影响。其中，企业的数量和技术成果具有明显的相关关系。科研机构的人才素质对保证知识生产有很大作用，如科研人员的职称结构、年龄结构、学历结构等是构成科研组织知识生产能力的重要因素。

最后，从知识存量角度看。知识存量是大学研究工作者进行知识创造所必需的基本条件。从显性知识的角度看，高校科研人员初期的知识存量主要体现为各种学术成果，而隐性知识体现为科学研究经验。首先，科技成就越高的学者，其显性知识储备越多，越愿意进行产学研合作。在知识转化体制不断完善的背景下，大学科技成果以专利的方式与工业界开展了更加密切的合作。此外，具有较多学术论文和专利积累的研究人员，可以通过提高研究效率而促进产学研合作。其次，就隐性知识存量而言，研究团队成员的工作时间与企业间的产学研合作绩效存在明显的相关关系，即年长的研究团队成员通常拥有较多的技术和广阔的社交网络等。由此，提出以下假设：

H5-1：高校知识生产能力与协同创新能力显著正相关。

二、知识传播能力对协同创新能力的影响

在高校人才培养过程中，知识传播的实质是大学将自己的隐性知识和显性知识进行互相转化及提高的过程，其方式主要有：隐性知识之间的交流，如大学生参加研究开发项目等。把隐性知识转换为显性知识，例如把科研成果变成课程。显性知识之间的交流，如教师和学生一起撰写文章。显性知识转化为隐性知识，如对外部信息的内化学习，即通过科研项目积累学生内在的科研能力。可见，知识传播是实现人才培养的重要途径。

隐性知识显性化是人才培养的重要途径，所谓隐性知识显性化，是把隐性知识进行编码，并把它转换成便于人们学习和借鉴的显性知识，这是由于经过编码的隐性知识更容易在不同的组织中进行传播。为此，大学应为隐性知识的

编码过程提供一个较好的转换环境，从而有效地促进隐性知识的编码过程。只有这样，才能更好地实现大学的人才培养目的。在大学教育中，隐性知识显性化，可以培养学生的创造意识、创造思维，从而推动他们的全面发展。所以，大学如何有效地推进隐性知识显性化过程中的知识传播能力，对于促进协同创新能力提升显得尤为重要。由此，提出以下假设：

H5-2：高校知识传播能力与协同创新能力正相关。

三、知识转移能力对协同创新能力的影响

大学在知识转移中，以学习和运用知识为前提，以与企业之间的合作为手段，将知识转化成一种无形资产，以获得较高的收益。因此，由社会资本、组织距离和激励机制等因素所构成的知识转移能力，都将对协同创新能力产生重要影响。

首先，从社会资本角度看。许多学者试图用社会资本的概念来理解不同组织之间的合作网络关系，认为社会资本是构建产学研合作关系的基础，即高校、研究机构在与企业进行协作的过程中，一方面可以加速研究成果的产业化进程，另一方面可以借助企业的社会资源和建立起广阔的社会关系，从而促进更深层次的协作。同时，在产学研协作中，存在着很大的不确定因素，这会造成合作双方机会主义倾向，尤其是在共享知识时，必须具备很高的互信程度，以保证合作双方能解决合作过程中的问题，鼓励合作者之间交换更多有价值的知识和信息，以提升产学研合作的知识转移绩效。因此，通过建立互信、分享价值观念等方式，能够为企业与科研机构的协作搭建一个高效平台，从而推动知识传递。

其次，从组织距离看。保持与行业的有效距离，能够促进大学的知识外溢，加快企业的技术创新。但若距离过大，反而不利于知识溢出，即组织之间的距离越大，知识从科研机构向企业的流动越弱。故而，高校科研机构与企业之间的距离越近，越有利于产学研合作。

最后，从激励机制角度看。激励机制往往通过影响高校科研人员在产学研合作中的知识转移动机，从而推动产学研协同创新能力的提升。众多学者对科研系统的调研发现，基于奖励的激励机制会显著影响高校科研系统科研人员参

与产业合作的动机，尤其是以知识产权所有权的方式出资形式，极大地调动了科研人员的积极性。由此，提出以下假设：

H5-3：高校科研系统的知识转移能力与协同创新能力正相关。

第三节　基于知识三角的陕西高校协同创新能力实证研究

一、研究设计与方法

（一）问卷设计

本章的问卷设计，主要围绕高校协同创新过程展开，内容主要包括三个方面：研究机构的基本情况、高校协同创新的影响因素、协同创新能力情况等。问卷借鉴了国内外大量的研究成果，并对陕西高校协同创新中心负责人、管理层、技术专家等进行访谈、实地调研。借由搜寻有关产学研合作创新、知识生产、知识传播、知识转移和创新能力等领域的研究文献，从科学研究、人才培养和产业技术创新的角度，对企业的协同创新能力评价指标等展开归纳，最终得出有关的度量指标体系。在问卷题项方面，本章以有关资料为依据，结合现场调查和前测，在多次征求受访者与学者们的建议后，对题项进行了改进。为防止在调查中产生一致性动机问题，调查表中并未对调查的具体内容及结果进行详细描述。在调查过程中，我们还将协同创新能力题项放在最后，以避免引入一些潜在的诱导性因素，从而导致调查对象的回答出现偏差。

（二）数据收集

陕西是全国科教高地，拥有丰富的科教资源和高水平的科研机构，高校中聚集了一大批知名的协同创新中心，如高端制造装备协同创新中心、特殊区域公路大通道协同创新中心、农业高效用水协同创新中心、现代装备绿色制造协同创新中心、西部生态环境协同创新中心等。故而，本章选择陕西省内相关的产学研合作机构作为问卷调查对象。在被调查对象中，各机构的负责人和科研人员长期从事于科学研究、人才培养和技术创新等活动，在该领域积累了丰富的经验。根据这一原则，向西安交通大学、西北工业大学、西安电子科技大学、西北大学等具有协同创新中心的高校科研机构及相关人员发放了调查问卷。问卷主要采用线上和线下两种方式发放。历时 4 个月，一共发出问卷 230份，回收有效问卷共计 185 份，问卷回收率为 80.4%。

二、变量的测量

（一）知识生产能力

根据前文分析得出，高校科研系统的知识生产能力主要包括三个方面：组织资源、人力资本和知识存量。因此，基于现有的研究成果，结合实地调研与访谈情况，构建组织资源、人力资本和知识存量设置的测度指标体系，采用李克特 5 级量表对每个指标进行赋值，指标如表 5-1 所示。

表 5-1 知识生产能力的度量项目

因素	编码	指标	文献来源
组织资源	HA1	年度研发费用中产业资助丰富	Bozeman，2007
	HA2	年度研发费用中政府资助丰富	Rhoades，2004
	HA3	科学研究具有固定的场所和资源	Bozeman，2005
人力资本	HB1	科研机构人员规模合理	Jensen 等，2003
	HB2	科研机构中副教授以上人员占比较高	Hanelt 等，2021
	HB3	科研队伍中大多数具有跨学科背景	Hanelt 等，2021
知识存量	HC1	科研机构已发表了大量的学术论文	Colyvas，2011
	HC2	科研机构已授权了大量的专利	Meyer，2006
	HC3	科研机构成员从事科研时间较长	Colyvas，2011

（二）知识传播能力

根据前文分析得出，高校科研系统的知识传播能力主要包含两个方面：知识编码化和教学资源配置。因此，基于已有研究成果，并结合本书的情况，构建知识编码能力、教学资源配置的测度指标体系，如表 5-2 所示。

表5-2　知识传播能力的度量项目

因素	编码	指标	文献来源
知识编码能力	HD1	在人才培养过程中，对经验、专业技能的传播占据较大比例	Hansen，2002
	HD2	在人才培养过程中，对文本知识、教材的传播占据较大的比例	秦晓燕，2010
教学资源配置	HE1	科研人员在教学中投入了足够的时间和精力	颜建勇，2022
	HE2	科研人员能处理好教学与科研的关系	颜建勇，2022

（三）知识转移能力

高校科研系统的知识转移能力主要包含三个方面：社会资本、组织距离和激励机制。基于已有的研究成果，结合实地调研与访谈情况，构建社会资本、组织距离和激励机制设置的测度指标体系，如表5-3所示。

表5-3　知识转移能力的度量项目

因素	编码	指标	文献来源
社会资本	HF1	在产学研合作中，彼此了解对方的需求	Mcevily等，2003
	HF2	在产学研合作中，彼此能自由地分享隐性知识	Jensleker，2011
	HF3	在产学研合作中，彼此交流非常频繁	Jensleker，2011
组织距离	HG1	与合作的企业空间距离很近，方便面对面地交流	D'Esteiammarino，2010
	HG2	与合作的企业之间有共同价值判断	Capello，1999
	HG3	与合作的企业之间有相似的技术背景	Fabrizio，2006
激励机制	HH1	激励机制能使科研人员获得较高的社会荣誉	Hong Walsh，2009
	HH2	激励机制能使科研人员获得较高的物质回报	Murray，2006
	HH3	激励机制能满足科研人员进行知识探索的需求	Cotgrove，1970

（四）协同创新能力

依据前文分析可知，协同创新能力主要体现在科学研究、人才培养和产业技术创新之间协同互动所产生的绩效。因此，本章结合访谈内容和已有研究成果，主要从产学研合作路径及其强度出发来定义和测量协同创新能力，如表5-4所示。

表5-4 协同创新能力的测度题项

编码	指标	文献来源
HI1	科研机构的研发项目大多来自企业	Hanelt 等，2021
HI2	科研机构参与较多的校企联合项目	Fuentes，2012
HI3	科研机构经常为企业提供实验设备	Swann，2002
HI4	科研机构与企业共同发表较多的学术论文	Wright，2008
HI5	科研机构与企业共同培养研究生	Fuentes，2012
HI6	科研机构为企业培训较多的技术人员	Jones-Evans，2000
HI7	科研机构支持技术人员创建新公司	Landry 等，2010
HI8	科研机构与企业开展较多的专利申请	Boardman，2009
HI9	科研机构向企业转让较多的专利	Fuentes，2012
HI10	有较多的科研机构人员在企业兼职	Schartinger，2002
HI11	科研机构为企业提供较多的技术咨询服务	Wright，2008
HI12	科研机构与企业开展较多的会议交流	Jones-Evans，2000

综合上述分析，本章得出基于知识三角的高校协同创新过程实证模型如图5-2所示。

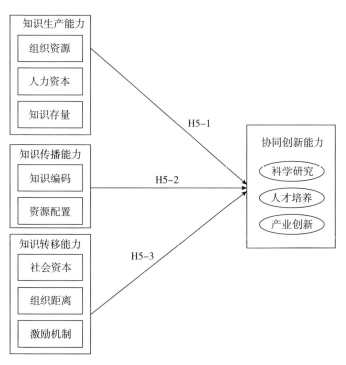

图5-2 基于知识三角的高校协同创新过程实证模型

三、实证结果分析

（一）样本基本特征

样本的基本特征如表5-5所示。从职位看，高层管理者、中层管理者、专家、一般技术人员占比分别为 13.54%、30.26%、20.75%、35.45%；从职称分布看，正高、副高、中级及以下分别占比为 22.71%、43.78%、33.51%；从所属行业看，装备制造、新能源、电子信息、生物医药分别占比为 19.88%、10.66%、27.38%、16.43%；从教育背景看，博士、硕士、本科占比分别为 26.80%、38.90%、24.21%。从分布情况看，从事协同创新项目的人员主要集中在高学历、高职称群体，从一定程度上反映了科研人才的结构特征，即高层次人群逐渐成为协同创新活动的中坚力量。

表 5-5　样本的基本特征

项目	属性	样本数（份）	百分比（%）
职位	高层管理者	25	13.54
	中层管理者	56	30.26
	专家	38	20.75
	一般技术人员	66	35.45
职称分布	正高	42	22.71
	副高	81	43.78
	中级及以下	62	33.51
所属行业	装备制造	37	19.88
	新能源	20	10.66
	电子信息	51	27.38
	生物医药	30	16.43
	其他	47	25.65
教育背景	博士	49	26.80
	硕士	72	38.90
	本科	45	24.21
	大专及以下	19	10.09

（二）信度与效度分析

在现有研究中，通常采用 Cronbach's alpha 系数反映设计量表信度，一般认为，当 alpha 系数大于 0.7 时，表示信度较高；当 alpha 系数大于 0.9 时，表示信度非常高。本章利用 SmartPLS 软件和偏最小二乘方法，对收集数据进行统计分析和假设检验。数据分析结果如表 5-6 所示，每个测量项的 Cronbach's alpha 系数均在 0.7 以上，表明测量项信度较高。组合信度 CR 值皆大于 0.8，表明模型存在良好的内部一致性。此外，本章采用因子分析并结合潜变量的平均抽取方差（AVE）指数来检验量表的效度。本章中平均变异数抽取量 AVE 值皆大于 0.5，表明模型存在良好的聚合效度。同时，本章还给出测量变量的相关系数和 AVE 平方根，如表 5-7 所示。可以发现，AVE 平方根值均大于变量之间的相关系数，表明模型的区分效度较好。

表 5-6　信度和效度

项目	Cronbach's alpha	CR	AVE
知识生产能力	0.855	0.921	0.796
知识传播能力	0.833	0.907	0.777
知识转移能力	0.786	0.891	0.745
协同创新能力	0.768	0.885	0.737

表 5-7　区分效度

指标	知识生产能力	知识传播能力	知识转移能力	协同创新能力
知识生产能力	0.871			
知识传播能力	0.563	0.869		
知识转移能力	0.537	0.543	0.867	
协同创新能力	0.612	0.445	0.531	0.842

（三）因子分析

本章采用因子分析提取测量题项的共同因子，以判定测验工具的建构效度。按照经验，各题项的负荷系数大于 0.5 时，可以通过因子分析将同一变量的各测量题项合并为一个因子。本章中各测量项的因子载荷量和交叉因子载荷量如表5-8所示。可以发现，所有测量变量的因子载荷都在0.8以上，且达到显著水平。同时，测量变量与其潜在变量相关性较高，而与别的潜在变量相关性较低，表明模型的区分性和内部一致性都较好。

表5-8　因子载荷量和交叉因子载荷量

指标	知识生产能力	知识传播能力	知识转移能力	协同创新能力
HA1	0.867	0.469	0.621	0.637
HA2	0.852	0.496	0.595	0.589
HA3	0.891	0.533	0.566	0.568
HB1	0.902	0.526	0.633	0.604
HB2	0.858	0.534	0.521	0.525
HB3	0.883	0.539	0.367	0.471
HC1	0.854	0.447	0.483	0.399
HC2	0.894	0.399	0.391	0.348
HC3	0.833	0.409	0.385	0.458
HD1	0.424	0.880	0.371	0.488
HD2	0.566	0.837	0.307	0.374
HE1	0.652	0.873	0.532	0.459
HE2	0.619	0.835	0.421	0.545
HF1	0.363	0.555	0.885	0.366
HF2	0.521	0.573	0.889	0.487
HF3	0.534	0.564	0.924	0.623
HG1	0.474	0.427	0.921	0.540
HG2	0.421	0.470	0.906	0.518
HG3	0.407	0.489	0.837	0.441
HH1	0.393	0.474	0.850	0.477
HH2	0.385	0.537	0.862	0.454
HH3	0.466	0.395	0.870	0.509
HI1	0.434	0.347	0.682	0.836
HI2	0.482	0.569	0.347	0.910
HI3	0.431	0.468	0.390	0.914
HI4	0.561	0.434	0.437	0.901

续表

指标	知识生产能力	知识传播能力	知识转移能力	协同创新能力
HI5	0.567	0.440	0.591	0.834
HI6	0.535	0.505	0.630	0.889
HI7	0.473	0.512	0.578	0.875
HI8	0.526	0.536	0.533	0.869
HI9	0.455	0.625	0.516	0.847
HI10	0.329	0.386	0.395	0.855
HI11	0.402	0.357	0.320	0.902
HI12	0.422	0.502	0.473	0.893

（四）模型构建的回归分析

通过上文的因子分析发现，知识生产能力、知识传播能力和知识转移能力中存在多个因子对协同创新能力产生影响，故而通过分析这些因子，能明确高校参与协同创新并促进合作绩效提升的主导能力因素。为此，本章采用线性回归分析法，以协同创新能力为被解释变量，以研究知识生产能力因子、知识传播能力因子、知识转移能力因子三大主要影响因子为解释变量，建立回归模型，估计结果如表5-9所示。

表5-9 回归结果分析

变量	模型（1）	模型（2）	模型（3）
常数项	3.218*** （6.70）	3.245*** （6.98）	4.326*** （8.32）
知识生产能力	0.501*** （4.02）		
知识传播能力		0.342*** （3.53）	
知识转移能力			0.265** （2.19）
R^2	0.913	0.898	0.875

注：* 表示 $p<0.05$，** 表示 $p<0.01$，*** 表示 $p<0.001$。

可以发现，在模型（1）中，知识生产能力的估计系数为正，且在1%的水平显著，表明知识生产能力对协同创新能力有显著的正向影响，假设5-1得到验证。在模型（2）中，知识传播能力的估计系数为正，且在1%的水平显著，表明知识传播能力对协同创新能力有显著的正向影响，假设5-2得到验证。在模型（3）中，知识转移能力的估计系数为正，且在5%的水平显著，表明知识转移能力对协同创新能力有显著的正向影响，假设5-3得到验证。

本章小结

本章在现有文献和实证研究基础上，提出基于知识生产能力、知识传播能力和知识转移能力三个维度的协同创新过程模型和能力框架。通过问卷调查，收集了陕西省内从事产学研合作机构的样本数据，通过定性和定量分析，得到如下结论。在协同创新过程中，高校科研系统的三个能力构成要素分别为：知识生产能力，包括知识存量因素、组织资源因素、人力资本因素；知识传播能力，包括知识编码化因素、教学资源配置因素；知识转移能力，包括激励机制因素、组织距离因素、社会资本因素。在协同创新过程中，高校科研系统内部的知识生产能力、知识传播能力和知识转移能力分别正向影响了协同创新能力，其中知识生产能力的影响系数最大。由此可见，高校知识生产能力是影响协同创新的主导能力因素。

第六章 基于知识溢出的陕西区域创新能力研究

第一节 引言

一、研究背景

自 21 世纪初以来，全球正孕育并展现出新一轮科技革命，科技创新呈现出持续跨越地理边界、组织结构等特征。在综合国力的竞争中，创新战略的较量尤为突出。因此，科技创新的水平不仅影响一国经济社会的发展速度，还关乎该国能否在国际竞争中占据制高点。与此同时，新一轮的产业变革和科技革命持续推进，国际竞争力的构成要素已从传统的资本演变为人才、技术和知识创新等。知识密集型产业逐渐取代劳动密集型产业，成为新兴经济支柱的重要组成部分。

从国内看，当前中国正处于关键的转型时刻。为了优化和改善产业格局，实现经济高质量增长，首要任务在于毫不动摇地走中国特色创新之路，坚定秉持自主创新，加速建设创新型国家。党的二十大不仅再次强调了"科技乃国家昌盛之基石，创新为民族进步之灵魂"的核心地位，而且凸显了需在科技创新领域加强整体协调，致力于克服不同领域、部门和层面科技创新活动中的分散封闭、重复交叉等碎片化状况，避免创新中的孤立群岛现象，加速构建完备的国家创新体系，使各主体、各领域、各环节能够有机互动、协同高效。

陕西作为我国的科技大省，航空制造业全国综合实力第一，在卫星服务业、装备制造业和地面设备制造业三大方向的科技水平和综合实力均位居全国前列。在"十三五"时期，全省经济总量快速增加，人均 GDP 大幅攀升，科技创新成为陕西经济增长的新引擎。2022 年 4 月，由陕西省科技厅和发展改革委联合印发的《陕西省"十四五"科技创新发展规划》对全省科技发展形势做出评价，该规划提出了区域创新协同发展计划、创新人才培养系统计划、基础研究能力增强计划、科技创新合作交流计划、企业创新能力提升计划等"八计划"和一系列改革发展措施，以破解陕西科技创新提质增效中遇到的瓶颈和难题。该政策意味着陕西将从科技大省转型为科技强省，在这一过程中，全省区域创新能力发展不平衡、不协调这一问题亟须解决。

二、文献综述

（一）知识溢出的相关研究

1. 知识溢出的概念

Mac Dougall（1960）在关于跨国投资的研究中首次提出知识溢出的概念，即东道国的企业将会得益于跨国公司所带来的"经济外部性"，也就是在引进外资的同时，还会带来知识和技术的扩散，这一效果将会促进东道国的技术进步，进而推动该国经济发展。Jaffe（1993）将"知识外溢"定义为在不付出成本情况下获得相应的回报。Scaringella 等（2017）将知识溢出定义为无意识的知识流，可用于战略目的，以创新、冒险、积极主动和竞争性的商业理由与外部实体建立网络。李健旋等（2017）认为，造成知识溢出的现象是由知识的公共品属性引起的。Elvira（2020）、郭本海（2021）将知识外溢定义为知识接收者利用已获得的知识，并结合自身实际开发出新知识、新技能和新产品，但未向知识提供方支付任何报酬，也没有承担获取知识的任何代价。

2. 知识溢出的渠道

（1）外商直接投资：Caves（1974）通过对澳大利亚研究发现，引进 FDI

会对当地的制造业造成一定程度的技术外溢。东道国不但可以通过 FDI 学习生产技术及管理经验，还可以"以市场换技术"，以牺牲市场份额换取国外的先进技术。之后经过消化和吸收，提升本国的自主研发能力，进而推动技术进步（Antonio，2019）。Shihe 等（2018）基于中国的实证分析发现，FDI 通过劳动力流动、竞争效应和模仿效应等途径产生了知识溢出，而溢出的对象主要是中国同行、供应商和消费者，溢出作用还会对生产效率产生直接影响。

（2）对外直接投资：Kogut（1991）利用日本对美国的 OFDI 数据，验证了 OFDI 具有显著的知识外溢效应。OFDI 能够利用企业间的跨境收购，对其母国产生反向技术外溢效应，还能建立国外技术联盟，充分发挥被收购企业的优势，从而获得更多的技术。然而，梁圣蓉等（2019）研究了五种贸易渠道却发现，仅 OFDI 不具有明显的外溢作用，这是因为反向技术外溢对制度的依赖性很强，对发展中国家的外溢作用可能会被遏制。

（3）进口贸易：这是国际上知识外溢的一个主要途径。通过进口贸易，可以使进口国的商品品种和品质得到显著提高，而进口国又能从这些中间产品获取更多的研发资金，从而对相关产业造成技术外溢（Grossman and Helpman，1991）。Büler 等（2015）研究发现，研发与中间产品进口之间存在着互补关系，从而导致了国内产业的技术升级。Antras（2017）提出，中间产品中嵌入的技术能够降低企业的独立研发成本，进而能够得到更高的收益，因此，企业为了实现产品的最优，会反过来加大创新投入。Benkovskis 等（2020）指出，在高科技产业中，通过模仿学习可以促进知识外溢，进而开启知识跨国转移。

（4）出口贸易：以出口信息的溢出为主，新商品可以通过以往的经验获得更多的市场，并通过技术外部性获得更多的利益。企业的出口活动是可重复的，并会因前一国家的信息外溢而发生变化。但是，刘美玲和黄文军（2015）在研究进出口对区域内经济发展的影响时发现，出口并不会对区域内的生产效率产生明显的促进作用，也不会出现反向技术外溢。贺灿飞（2020）提出，企业可以利用自己的营销网络和外贸经验减少生产成本，同时提升出口商品的竞争能力。

3. 知识溢出的测度

知识生产函数法、技术流量法、成本函数法以及文献追踪法是测度知识溢出的主要方法，尤其是知识生产函数法得到了广泛的应用。此外，还有学者采用替代指标来衡量知识溢出，如采用贝叶斯层级模型测算知识溢出的贸易型、交流型、合作型知识溢出（陈继勇，2010）。白俊红等（2017）用前向后向信息表示技术溢出的途径，利用动态网络指标测度技术跨产业溢出效应。王格格和刘树林（2020）利用专利数据库的发明授权专利数据，以专利不同 IPC 号表征技术领域之间的知识流动，构建知识溢出矩阵进行分析。李峰等（2021）构建综合考虑互联网普及和知识溢出的知识生产函数，测度区域创新空间演进特征。

（二）区域创新能力相关文献综述

1. 区域创新能力的概念

对于区域创新能力的界定，学者们有不同的观点：吕可文等（2017）认为，区域创新能力是区域能够长期运用创新技术进行生产和商业化的能力；王向阳等（2017）认为，区域创新系统是在区域内由高等学府、科研所和政府合作组成的创新网络；陈鹏（2019）认为，中国区域创新能力存在典型的时空演化特征；李斌和田秀林（2020）认为，城市创新能力是一个城市综合能力的体现，涵盖多个方面的能力。

2. 区域创新能力的评价体系研究

国内外区域创新能力评价体系多样，创新指标的选取各有不同。由世界知识产权组织、康奈尔大学、欧洲工商管理学院共同创立的全球创新指数（GII）反映了全球范围创新格局的变化，其对创新能力的评价主要从投入和产出两个方面进行。欧盟创新记分牌（EIS）采用综合创新指数衡量创新绩效，此评价体系共有影响、投资、框架条件和创新活动四个一级指标，用于查找各国的创新优势劣势，确定优先领域提高创新绩效。涂敏（2017）从区域创新投入能力、区域创新基础、区域创新产出、区域创新扩散和区域创新潜力五个层面选取指标，以保证指标的客观性。瞿辉和闫霏（2019）从区域创新能力、知识创新、知识多样性和区域经济等方面对福建区域创新能力进行评价。张慧晴和姜文仙（2019）从环境创新、科技创新效益、知识流动、企业科技创新能力、知识创造等角度构建区域创新能力的评价指标。中国科技发展战略研究小组与中国科学院大学共同撰写的《中国区域创新能力评价报告》中将区域创新能力评价体系分为知识创造、知识获取、企业创新、创新环境和创新绩效五个指标，为各地区创新能力的综合值、实力值、效率值和潜力值进行排序，并根据当年发展的重点，针对国际直接投资和研发投入等方面进行评价。

（三）知识溢出对区域创新能力的影响

一个地区要想获得内生式的发展，必须增强其自身的创新能力，而这要通过不断的知识积累实现。已有文献对知识溢出与区域创新之间的关系进行了深入的探讨，但并没有形成统一的认识。一方面，学者们认为知识溢出能促进区域间的合作，进而正向促进区域创新（Sun et al.，2021）。Jeanneret（2016）利用近10年来84个国家的面板数据，研究了不同国家的企业生产效率和FDI之间的联系，结果表明，FDI促进了企业生产效率的提高，进而促进了本国产业结构升级和区域发展。Filippetti（2017）指出，技术外溢对企业创新绩效的影响与东道国的技术吸收能力有关，FDI会通过技术外溢提高东道国的自主创新水平。根据Ho（2018）、Arkadiusz（2020）的研究结果，跨国交易中的知识外溢对企业创新产生了积极作用。另一方面，知识溢出反而会抑制区域创新。在东道国，同行业的内资企业往往无法与外资企业竞争，导致利润率较低，企业经营困难，无力创新，故而外资企业的知识溢出会抑制区域创新（侯鹏等，2013）。苏屹和林周周（2021）将创新活动的知识来源分为自有知识和外部知识溢出，前者促进创新，而后者抑制创新。

（四）文献评述

通过阅读文献，学者们对于知识溢出的发生机制、测度方法、区域创新能力的定义和评价体系的研究都取得了大量成果。关于知识溢出对区域创新绩效的影响研究中，国内外学者大多肯定了知识溢出的正面影响。文献中有许多值得学习的地方，如对于知识生产函数的改进以及指标在实证里的大量运用，这使得我们可以依据有关经验，选取更加科学的指标研究知识溢出对区域创新能力影响的相关问题。但总体来看，现有研究仍存在一些不足之处。

（1）知识溢出渠道维度较为单一，研究对象主要集中于企业层面。更多关注国际上贸易造成的知识溢出，主要包括FDI、进口贸易，较少研究省内城市之间的知识溢出。大多将关注点放在探索产业集聚与知识溢出的关系，忽视了空间因素，未对区域间的知识溢出效应进行定量研究。

（2）区域创新能力的评价局限于较大地理层面，缺乏地级市层面的空间分布特征研究。目前，国内外区域创新能力评价体系多样，创新指标的选取各有不同，应用较多的是全球创新指数、综合创新指数衡量创新绩效等，以上指标体系主要适用于国家和省级层面的创新能力研究，而难以描述地理范围较小的地级市或县域城市的创新能力。

第二节　陕西区域知识溢出水平的评价研究

知识溢出的度量常用的方法有指标评价法、全要素生产率法、极值边界分析法、成本函数法、生产函数法和文献追踪法等。本章研究结合知识资本内涵、知识溢出效应的概念以及现有研究成果，认为区域知识资本就是一种归属于该区域的一些知识和能力，其表现形式具有多元性，例如：本区域内人力资本；知识产权和专利发明等创新资本；信息流通和区域文化基础设施等结构资本；国内外贸易往来等关系资本，进而对陕西各区域的知识存量进行测算，再建立知识溢出模型，对陕西10个地级市的知识溢出情况进行测度。

一、知识资本的评价指标构建

在以往的文献中，通常采用永续盘存法和指数评价法测度知识资本。前者对数据的要求较高，收集和计算难度较大，故而本章采用指标评价法计算，并采用主成分分析法进行分析。现有研究大多采用单一指标衡量知识资本，较少构建全面的指标评价体系。为了弥补这一不足，本章借鉴胡正（2017）、程惠芳（2017）等研究成果，从人力资本、创新资本、结构资本以及关系资本四个维度选取了19个指标来衡量知识资本，具体指标体系如表6-1所示。

表 6-1　知识资本评价指标体系

一级指标	二级指标	三级指标	代码
人力资本	教育水平	高校专任教师人数（人）	R1
		高校在校学生数（人）	R2
	医疗卫生	地区万人拥有医生数量（人）	R3
		地区万人拥有病床数（张）	R4
	社会保障	城镇职工基本养老保险参保人数占总人口比重（%）	R5
		城镇职工基本医疗保险参保人数占总人口比重（%）	R6
		失业保险参保人数占总人口比重（%）	R7
创新资本	创新投入水平	科学技术财政支出（万元）	C1
		技术合同成交额（万元）	C2
	创新成果转化度	专利授权数（件）	C3
		专利申请数（件）	C4
结构资本	信息产业基础设施	电话普及率（部/百人）	J1
		互联网宽带接入用户数（万户）	J2
	文化产业基础设施	博物馆数量（个）	J3
		每百万人有公共图书馆数量（个）	J4
关系资本	国内贸易往来	社会消费品零售总额占 GDP 比重（%）	G1
		规模以上工业企业主营业务收入（万元）	G2
	国际贸易往来	直接利用外商投资（万美元）	G3
		进出口总额占 GDP 比重（%）	G4

（1）人力资本是知识资本的核心要素，其主要表现为区域内教育水平、医疗卫生水平以及社会保障水平。其中，教育水平体现了人力资本培养情况，包括高校专任教师人数、高校在校学生数；医疗卫生水平表现为区域内医疗人才资源，包括地区万人拥有医生数量、地区万人拥有病床数；社会保障水平反映区域内对人才的保障程度，包括城镇职工基本养老保险参保人数占总人口比重、城镇职工基本医疗保险参保人数占总人口比重以及失业保险参保人数占总人口比重。

（2）创新资本体现为区域创新投入以及创新成果转化度，反映了区域创新的潜在动力。其中，创新投入水平用科学技术财政支出以及技术合同成交额衡量，反映了区域对创新的直接投入。创新成果转化度采用专利授权数以及专利申请数量衡量，刻画了区域创新成果转化为经济效益的能力。

（3）结构资本为区域间技术交流以及文化传播提供了平台，故而采用各地区信息产业和文化产业的基础设施衡量，前者以电话普及率以及互联网宽带接入用户数表示，后者以博物馆数量以及每百万人有公共图书馆数量衡量。

（4）关系资本反映了区域与其他国家或地区贸易往来程度，表现为国内贸易和国际贸易两个方面。国内贸易往来采用社会消费品零售总额占 GDP 比重和规模以上工业企业主营业务收入衡量；国际关系往来有助于对国外先进技术的吸收引进及交流，表现为进出口总额占 GDP 比重、实际利用外资等。

本章采用 2012~2020 年陕西 10 个地级市的相关数据为样本，数据来源于历年《陕西统计年鉴》《中国区域统计年鉴》《陕西区域统计年鉴》以及各地市统计年鉴、国民经济和社会发展统计公报等。其中，电话普及率采用每百人拥有移动电话与固定电话之和数量衡量；对于个别数据的缺失采用插值法处理。

二、陕西知识资本现状分析

知识资本的大小已经成为推动各地区经济增长的重要推动因素。陕西各地区在知识资本方面表现不同，本章将从知识资本的四个一级指标展开具体分析。

（一）人力资本现状

1. 教育水平

陕西各地区高校专任教师占比如图 6-1 所示。由于陕西高校基本集中于西安，高达 64 所，因此西安的人才优势远超于其他城市。咸阳、汉中以及宝鸡因为各地有声誉良好的知名高校，也吸引了不少优秀人才留在当地，因此也具有较好的人才优势。

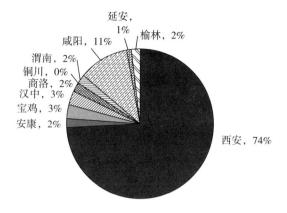

图 6-1　2020 年陕西各地区高校专任教师占比

陕西各地区高校在校学生占比如图 6-2 所示。由此看出，受高校地理位置影响，学生主要集聚在西安市，与高校专任教师分布基本一致。由图 6-1 和图 6-2 可以看出，西安集师资与生源于一地，人才优势领先于陕西其他地市，教育水平远超其他地区。

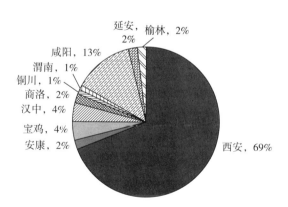

图 6-2　2020 年陕西各地区高校在校学生占比

2. 医疗卫生

陕西各地区医疗卫生水平情况如图 6-3 所示。可以看出，各地区每万人拥有的医生数差别不大，大部分分布在 24～33 人，铜川最高，为 39.24 人，宝鸡、咸阳、西安紧随其后，均超过 30 人；各地区每万人拥有的病床数48~66 张，铜川高达 78.42 张，紧随其后的安康达到了 70.82 张，而渭南仅46.44 张。值得一提的是，铜川每万人拥有的医生数高达 39.24 人，每万人拥有的病床数高达 78.42 张，两项均远超其他地区，各项数值与排名第二的有很大差距，表明铜川医疗卫生水平优秀。造成这一现象的原因可能是铜川人口较少，而该地区医生数和卫生机构数与其他各地区相近，为居民提供了较高的医疗卫生保障。渭南、榆林、延安综合医疗卫生水平与陕西其他地市相比还有待提高。

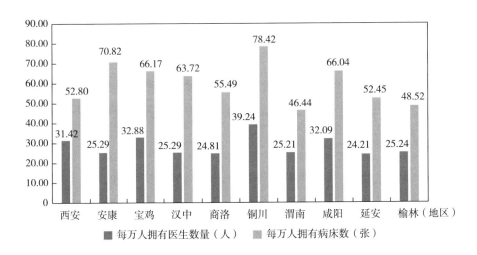

图 6-3　2020 年陕西各地区医疗卫生水平情况

3. 社会保障

由图 6-4 可知，陕西各地市总体来说社会保障水平良好，城镇职工基本养老保险与城镇职工基本医疗保险占总人口比重均在 20.31% 与 15.54% 以上，失业保险在 8.93% 以上。安康、商洛、渭南、榆林、汉中低于平均水平，榆林与汉中较为接近平均水平，表现最差的依次是安康、商洛以及渭南。其中，安康三项指标分别为 9.35%、8.41%、4.93%，处在陕西社会保障倒数水平，亟须提高。

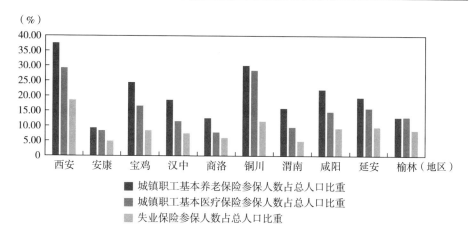

图 6-4 2020 年陕西各地区社会保障水平

（二）创新资本现状

1. 创新投入水平

由图 6-5 不难看出，各地市科学技术财政支出与当地 GDP 水平有较为相似的发展趋势，总体上呈正相关，说明当地政府创新投入水平与经济发展存在一定的正相关。

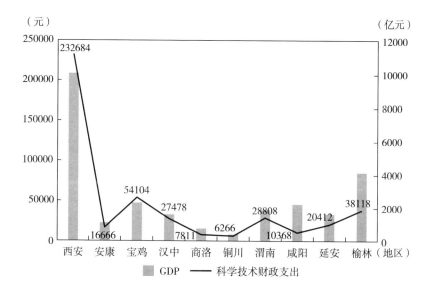

图 6-5 2020 年陕西各地市科学技术财政支出

由图6-6可得，2020年陕西各地市技术合同成交额分布情况极为不均衡，西安技术合同成交额高达16485600元，几乎是位于第二的咸阳的40倍。

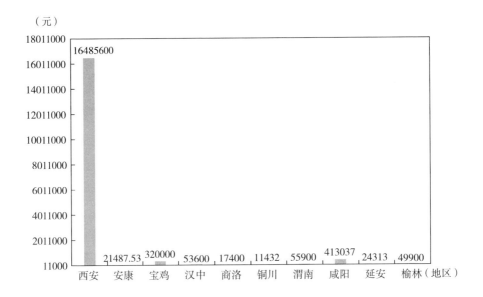

图6-6 2020年陕西各地市技术合同成交额

从表6-2横向对比看，2020年汉中技术合同成交额同比增加50.68%，说明汉中对创新投入给予了重视，技术创新成果较大；安康在2020年技术合同成交额同比增加35.80%，商洛达到了23.40%。铜川与渭南2020年技术合同成交额同比下滑较大，分别为46.58%、23.95%，对于下滑的原因应予以高度重视。

表6-2 2020年陕西各地市技术合同成交额横向对比

地区	成交额（元）	同比增长（%）
西安	16485600.00	12.31
安康	21487.53	35.80
宝鸡	320000.00	3.23
汉中	53600.00	50.68

续表

地区	成交额（元）	同比增长（%）
商洛	17400.00	23.40
铜川	11432.00	−46.58
渭南	55900.00	−23.95
咸阳	413037.00	−0.50
延安	24313.00	−0.36
榆林	49900.00	4.83

2. 创新成果转化度

由表 6-3 可知，2020 年陕西全省专利申请量较 2019 年同比下降 5.02%，其中渭南的专利申请量同比降幅最大，达到 28.35%；铜川专利申请量同比涨幅最高，高达 56.54%。由于 2020 年陕西各地市专利申请量同比 2019 年大比例下降，导致总体上全省专利申请量较 2019 年同比呈下降态势。但全省专利授权量较 2019 年同比上升 26.56%，安康、延安、咸阳、榆林以及铜川专利授权量上升比例超过 50%，安康专利授权量同比上升 89.71%。这说明陕西创新能力逐渐加强，创新成果转化度逐渐提高。

表 6-3　2020 年陕西各地市创新成果转化度

地区	专利申请量（件）	位次	同比（%）	专利授权量（件）	位次	同比（%）
西安	68353	1	−5.56	41387	1	21.29
安康	1169	7	37.53	793	8	89.71
宝鸡	2981	3	2.37	2388	3	31.35
汉中	2250	5	0.27	1515	5	33.25
商洛	961	9	8.83	519	9	14.32
铜川	371	10	56.54	199	10	54.26
渭南	1499	6	−28.35	831	7	−3.82
咸阳	4975	2	−8.16	4385	2	65.10
延安	1108	8	−0.09	1024	6	67.87
榆林	2569	4	−4.00	1895	4	58.18
全省	86236	—	−5.02	54936	—	26.56

（三）结构资本

1. 信息流通基础设施

由图 6-7、图 6-8 可以看出，陕西各地市电话普及率差异不大，2020 年互联网宽带接入用户数较 2011 年有了显著的增加，说明近些年陕西各地市对互联网的普及效果较好。

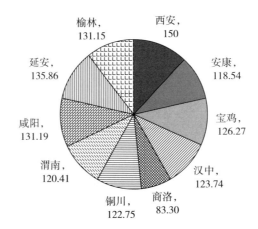

图 6-7　2020 年陕西各地市电话普及率（%）

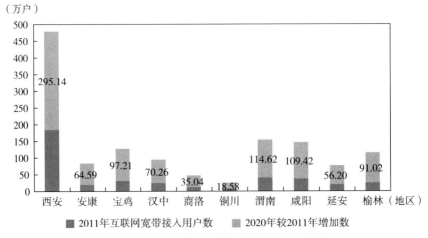

图 6-8　陕西各地市互联网宽带接入用户数

2. 文化基础设施

由图 6-9 可以看出，除西安市拥有 133 个博物馆外，延安是陕西第二个拥有较多博物馆的地市，拥有量达 47 个，主要是因为延安作为中国革命的摇篮，是全国革命根据地城市中旧址保存规模最大、数量最多、布局最为完整的城市，有着"中国革命博物馆城"的美名。咸阳与榆林分别拥有 32 个、31 个博物馆，总体上说明陕西省历史文化资源丰厚，有足够的知识底蕴。从图 6-10 可以看出，从每百万人有公共图书馆角度看，铜川人口较少而图书馆数量较多因而每百万人有公共图书馆 7.04 个，而延安每百万人有公共图书馆 6.14 个，西安因为人口众多而图书馆分布较少，每百万人有公共图书馆仅 1.08 个，说明西安图书馆数量与人口数量不匹配，公共资源紧张，需要提高资金投入水平。

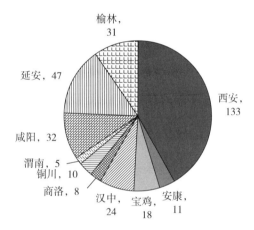

图 6-9　2020 年陕西各地市博物馆数量（个）

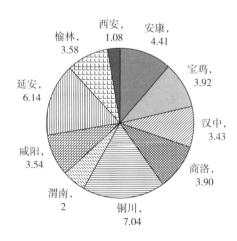

图 6-10　2020 年陕西各地市每百万人有公共图书馆数量（个）

（四）关系资本

1. 国内贸易往来

由表6-4可知，陕西大部分地市社会消费品零售总额占GDP比重在30%以上，延安、商洛以及榆林的社会消费品零售总额占GDP比重处于陕西倒数水平，分别为24.02%、23.37%、16.00%；陕西大部分地市的社会消费品零售总额占GDP比重较2019年同比呈下降趋势，仅安康同比呈上升趋势，上升了1.69%；铜川下降比例最大，达20.97%，然后下降态势较明显的依次为宝鸡、渭南、西安、汉中、商洛、咸阳、榆林以及延安，说明陕西总体上来说消费市场不活跃，经济增长放缓。

表6-4　2020年陕西各地市社会消费品零售总额占GDP比重　单位:%

城市	社会消费品零售总额占GDP比重	同比
西安	49.79	−8.96
安康	40.14	1.69
宝鸡	35.22	−17.06
汉中	32.62	−8.92
商洛	23.37	−8.84
铜川	34.87	−20.97
渭南	33.95	−13.64
咸阳	37.93	−7.53
延安	24.02	−2.81
榆林	16.00	−4.87

由图6-11可以看出，西安规模以上工业企业主营业务收入在2012~2020年一直远超其他城市。榆林2012~2020年上升趋势最明显，从1987.9855亿元上升到4351.3099亿元；宝鸡从1692.712亿元上升到2917.5506亿元；咸阳在2012~2016年一直处在稳步上升的趋势，但从2017年开始却发生了大幅度下滑。

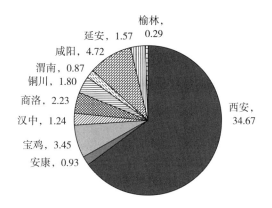

图 6-11 2020 年陕西各地市规模以上工业企业主营业务收入（亿元）

2. 国际贸易往来

由图 6-12、图 6-13 可以发现，陕西国际贸易往来方面主要由西安承担大部分贡献，西安进出口总额占 GDP 比重达 34.67%，直接利用外商投资 76.7702 亿美元，比例占陕西的 91%。其他各地市进出口总额占 GDP 比重很小，说明其他地市进出口贸易并不发达，进出口对当地经济增长的作用并不明显；直接利用外商投资部分，其他地市仅宝鸡、榆林以及咸阳破亿美元，其他地市直接利用外商投资部分较小。

三、陕西各地级市知识存量水平分析

本章将数据进行标准化处理后，进行主成分分析得到 KMO 值为 0.876，Bartlett 球形度检验显示，p 值小于 0.01，在 1% 水平显著，变量间具有相关性，适合主成分分析，具体如表 6-5 所示。同时，在降维的基础上按照主成分分析特征值大于 1 的原则提取了 2 个主成分，累积贡献率 80.532%。最后用综合得分来代表知识存量的大小，具体如表 6-6 所示。用主成分分析法得出的知识存量数据是标准化后的值，随后的计算中不再取其对数。

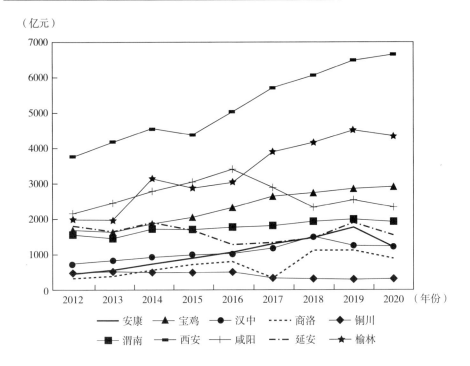

图 6-12 2012~2020 年陕西各地市进出口总额

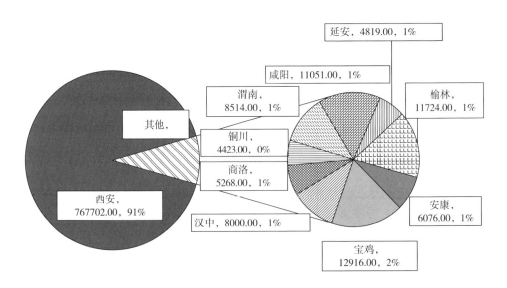

图 6-13 2020 年陕西各地市直接利用外商投资情况（亿美元）

表 6-5 KMO 和巴特利特检验结果

KMO 取样适切性		0.876
巴特利特球形度检验	近似卡方	3424.684
	自由度	171
	显著性	0.000

表 6-6 总方差解释 单位:%

成分	初始特征值			提取载荷平方和		
	总计	方差百分比	累积贡献率	总计	方差百分比	累积贡献率
1	13.097	68.932	68.932	13.097	68.932	68.932
2	2.204	11.600	80.532	2.204	11.600	80.532
3	0.886	4.662	85.194			
4	0.745	3.923	89.117			
5	0.608	3.202	92.319			
6	0.464	2.443	94.762			
7	0.280	1.472	96.234			
8	0.200	1.050	97.284			
9	0.165	0.866	98.151			
10	0.110	0.581	98.732			
11	0.059	0.312	99.044			
12	0.056	0.295	99.339			
13	0.038	0.198	99.537			
14	0.032	0.169	99.705			
15	0.023	0.121	99.826			
16	0.014	0.073	99.899			
17	0.011	0.060	99.959			
18	0.007	0.034	99.993			
19	0.001	0.007	100.000			

2012~2020 年陕西各地级市知识存量水平如表 6-7 所示。由于主成分分析得到的综合得分均值为 0,所以会有正数和负数之分。正数和负数分别表示高于和低于总体均值。由表 6-7 可以看出,西安知识存量水平远高于其他地级市,导致总体均值较高,其他地级市普遍低于总体均值。值得注意的是,各地级市知识存量水平逐渐趋于总体均值,2017 年,铜川、咸阳知识存量水平达到总体均值,2018 年铜川、咸阳以及宝鸡知识存量水平超过总体均值。

表6-7 2012~2020年陕西各地级市知识存量水平

地区＼年份	2012	2013	2014	2015	2016	2017	2018	2019	2020
西安	1.62	1.98	2.02	2.36	2.50	2.77	2.88	3.13	3.04
铜川	-0.23	-0.17	-0.17	-0.14	-0.11	-0.03	0.04	0.19	0.18
咸阳	-0.32	-0.26	-0.23	-0.19	-0.15	-0.02	0	0.24	0.26
宝鸡	-0.36	-0.29	-0.24	-0.16	-0.15	-0.05	0.04	0.16	0.19
榆林	-0.43	-0.49	-0.09	-0.38	-0.30	-0.21	-0.15	-0.11	-0.07
延安	-0.40	-0.42	-0.30	-0.26	-0.26	-0.18	-0.20	-0.15	-0.07
汉中	-0.48	-0.45	-0.43	-0.39	-0.35	-0.29	-0.24	-0.15	-0.11
渭南	-0.54	-0.53	-0.47	-0.42	-0.37	-0.33	-0.28	-0.20	-0.36
安康	-0.40	-0.62	-0.60	-0.57	-0.51	-0.47	-0.39	-0.32	-0.29
商洛	-0.74	-0.62	-0.63	-0.63	-0.60	-0.63	-0.54	-0.43	-0.44

西安人力资本、创新资本、结构资本以及关系资本四个方面指标均远高于其他地级市水平，知识存量水平在陕西首屈一指。而咸阳与宝鸡不仅教育水平较高，高校教师与学生较多而且近几年受政策红利影响，大力发展科技，积极引进外资，同时进出口贸易总额名列全省前三，经济实力与科研技术实力相较于除西安以外的地级市更加雄厚，知识存量水平较高。铜川虽因高校较少导致高校教师与学生数较少，但在经济方面，社会消费品零售总额、进出口总额占GDP比重与其他地区相比并不逊色，同时铜川人口数少，医疗卫生水平与社会保障水平较高，信息流通基础设施、区域文化基础设施完善，因此铜川知识存量水平较高。

四、知识溢出的测度模型构建

（一）知识溢出的影响因素

本章借鉴刘和东（2017）的做法，从吸收能力、技术距离和地理距离三个方面对知识溢出能力进行实际测度。

（1）吸收能力。吸收能力指知识溢出接收消化吸收知识的能力。知识溢出理论认为，发达地区知识存量水平要靠研发提升，而落后地区不仅靠自身研发，还能从发达地区的知识溢出中吸收。知识溢出的吸收能力与本地区学习能力相关，一般认为人力资本和科技投入越大，吸收能力越强。

（2）技术距离。技术距离是指两个地区之间的技术差异，技术距离越大，知识溢出的可能性越高。在以往的文献中，学者们通常将地区之间的知识差距作为技术距离的度量指标。随着技术距离的扩大，落后地区有更多的机会向发达地区学习先进的技术，知识溢出的效果越明显，技术差距会越小。但是，当技术差异大于某一临界点时，知识溢出效应会减弱，这是由于落后地区的知识基础薄弱，自身的学习能力受到限制，无法吸纳技术外溢。

（3）地理距离。地理距离是指空间上一个地区与另一个地区间的距离。根据知识外溢模型可知，新知识的生成总是在最短的时间内被传播到相邻区域，并且在地理上的距离越近，其外溢效应越显著。尤其对于显性知识而言，距离越近，越有利于知识的传播与扩散。

（二）构建知识溢出模型

本章构建知识溢出模型时，将技术距离、地理距离和知识溢出吸收能力等因素纳入，用 H 表示拥有高知识存量水平的区域，L 表示低知识存量水平的区域，并且只有 H 区域向 L 区域产生知识溢出，L 区域只能吸收知识溢出。

1. 知识缺口

G 表示两个区域之间的知识缺口，用两区域知识存量水平 K_H、K_L 比值的对数表示，即：

$$G = \ln \frac{K_H}{K_L} \tag{6-1}$$

当知识存量水平相同时（$K_H = K_L$），不存在知识缺口 G；当 H 区域知识存量水平大于 L 区域知识存量水平时（$K_H > K_L$），知识缺口 G 大于 0（$G>0$）；当 H 区域知识存量水平小于 L 区域知识存量水平时（$K_H < K_L$），知识缺口 G 小于 0（$G<0$）。

由于本章测度知识存量水平运用主成分分析法，知识存量数据是标准化后的值，因此该式中不再取其对数，本章最终构建的知识缺口表达式为：

$$G_{ijt} = K_{it} - K_{jt} \tag{6-2}$$

表示 i 区域与 j 区域在 t 年份产生的知识缺口 G_{ijt}。

2. 知识溢出的吸收能力

S 表示落后地区实际吸收的知识溢出量，δ 表示落后地区自身的学习能力，d 表示影响知识溢出的地理距离。

$$S = dGe^{-\frac{G}{\delta}} \tag{6-3}$$

本章用各地区高校专任教师人数 R 作为衡量一个地级市自身学习能力的强弱，最终表达式为：

$$KS_{ijt} = \begin{cases} \dfrac{R_{jt}}{d_{ij}} G_{ijt} e^{-\frac{G_{ijt}}{R_{jt}}}, & G_{ijt} > 0 \\ 0, & G_{ijt} < 0 \end{cases} \tag{6-4}$$

其中，$1 \leqslant j \leqslant 10$；$1 \leqslant i \leqslant 10$；$2012 \leqslant t \leqslant 2020$；$i \neq j$。

式中，KS_{ijt} 表示 t 年份两区域间的知识溢出量，用 R_{jt} 表示 j 区域在 t 年份高校专任教师人数；d_{ij} 表示区域 i、区域 j 之间的地理距离，本章采用各地级市之间的直线距离来度量；G_{ijt} 表示区域 i、区域 j 之间的知识缺口。

3. 知识溢出总量

在式（6-4）的基础上，最终得出知识溢出总量模型：

$$KS_j = \sum_{i=1}^{n} KS_{ij} \tag{6-5}$$

其中，$1 \leqslant j \leqslant 10$；$1 \leqslant i \leqslant 10$；$2012 \leqslant t \leqslant 2020$；$i \neq j$。

五、知识溢出的测度结果分析

经上述公式计算得出陕西地级市知识溢出情况，如表 6-8 所示。

表 6-8 2012~2020 年陕西地级市的知识溢出情况

年份 地区	2012 年	2013 年	2014 年	2015 年	2016 年	2017 年	2018 年	2019 年	2020 年
西安	693.43	804.80	802.11	1022.28	1069.86	1046.33	1086.38	1089.94	1366.91
安康	10.64	19.21	20.89	22.30	23.00	26.02	25.24	28.60	29.29

续表

年份\n地区	2012 年	2013 年	2014 年	2015 年	2016 年	2017 年	2018 年	2019 年	2020 年
宝鸡	24.60	28.71	27.82	29.59	33.20	33.61	36.02	41.92	36.04
汉中	23.02	27.29	28.30	30.91	32.17	33.17	40.52	46.91	37.43
商洛	27.16	26.01	30.48	34.91	58.10	68.13	66.59	44.87	48.92
铜川	9.11	10.49	7.94	9.10	9.36	11.36	11.59	12.10	11.91
渭南	66.03	77.01	75.84	93.59	92.71	112.86	117.23	129.50	146.35
咸阳	556.61	638.66	637.99	823.53	845.69	798.06	828.82	826.08	1107.55
延安	13.77	18.12	17.93	18.44	20.00	17.52	19.65	14.98	14.33
榆林	4.16	6.15	4.06	7.59	7.06	7.64	6.63	9.21	13.55

由表 6-8 可以看出，西安知识吸收量常年为 0 而知识溢出量十分庞大。结合表 6-7 陕西各地级市知识存量水平可以看出，西安拥有庞大的知识存量，同时由于西安作为省会城市，天然具有较强的经济与科技优势，优越的人力资本，加之有较为有利的人才吸引政策，使得西安成为陕西庞大的知识溢出中心，只向外溢出，而不吸收其他市的知识，所以西安知识吸收的值常年为 0。

与西安相比，其他各地市的知识存量水平均较低，由式（6-5）可知，知识溢出量不仅与地理距离负相关，还与自身学习能力正相关。咸阳、渭南由于地理位置距离西安相较于其他城市更近，能够更好地吸收来自西安的知识溢出，再加上三个城市都有一定的高校基础，牛产总值居于陕西前中列，人力资源和经济实力都得到了一定保障，因此咸阳、渭南、宝鸡三个城市对知识溢出的吸收转化和能力优于其他地区。陕北地区的延安、榆林两座城市由于本身距离西安较远，本身科研基础较为薄弱，所以其吸收知识溢出的能力较弱。汉中、安康两个城市位于秦岭以南，距离西安较远，且四面环山，经济水平在陕西较为靠后，对于知识吸收和转化的能力相对较弱。商洛虽也位于秦岭以南，但离西安较近且近些年商洛市经济快速发展，积极发展科学技术，引入外商投资，从 2016 年开始，知识存量水平得到明显提高，其对知识的吸收能力较强。铜川虽地处关中一带直线距离上离西安较近，但铜川本身土地面积为陕西最小，人口较少，经济发展也较为逊色，缺少高素质的人力资源和良好的经济基础，导致其对知识的吸收能力较弱。

第三节　陕西区域创新能力
现状及其空间分布特征

一、陕西整体区域创新能力现状描述

（一）陕西综合区域创新能力及其发展趋势分析

中国科学院大学中国创新创业管理研究中心与中国科技发展战略研究小组联合出版的《中国区域创新能力报告》，从知识创造能力、知识获取能力、创新绩效、创新环境和企业创新能力五个方面，建立区域创新能力评价指标体系，并且给予评分排名。本章根据上述报告从以上五个方面将 2012～2020 年陕西区域创新能力情况进行系统整理和分析，具体如表 6-9 所示。

表 6-9　2012～2020 年陕西区域创新能力指标排名

指标年份	综合能力	知识创造能力	知识获取能力	创新绩效	创新环境	企业创新能力
2012	14	7	16	23	10	18
2013	14	6	16	20	12	15
2014	15	6	13	18	11	15
2015	14	5	15	14	17	16
2016	10	6	10	9	12	15
2017	13	7	13	11	12	19
2018	13	8	16	11	14	18
2019	12	6	18	9	12	20
2020	9	6	18	8	7	19

资料来源：历年《中国区域创新能力报告》，经笔者整理所得。

从表6-9中可以得到，2012~2020年，陕西综合能力排名取得了较大的进步，从2012年的第14名上升到了第9名。2020年，陕西综合创新能力进步明显，这是陕西近九年来第一次进入全国前十名以内，排名西部第1位，较上年上升了3位。2020年，广东、北京、江苏、上海、浙江、山东、湖北、安徽、陕西和重庆区域创新能力位居全国前10。从总体看，陕西五个能力的排名情况，知识创造能力位于全国前列，基本稳定在全国前10；知识获取能力处于全国中等偏下的水平，2016~2020年，排名逐年下降；创新绩效排名有明显的上升趋势，2020年位居全国第8名；创新环境在2018~2020年进步较大，三年时间进步了7名，位居全国第7名；企业创新能力整体处于全国中等偏下水平，近九年排名进步不明显。

根据《中国区域创新能力报告》，分析了近九年陕西区域创新能力的综合指标值。由图6-14可知，陕西在2012~2017年的区域创新能力综合指标值呈现波动状态，2017~2020年的综合指标值呈现明显的上升趋势，并且上升幅度较大，2020年达到了最大值。基本上，陕西的排名在10~15名波动，2014~2016年排名上升程度较大，2017~2021年总体呈现上升趋势，其中2020年陕西排名是近九年最靠前的一次，位居全国第9名，西部第1位，较上年上升了3位。总体来看，陕西区域创新能力处于全国中等偏上水平，在西部省份排名最靠前。

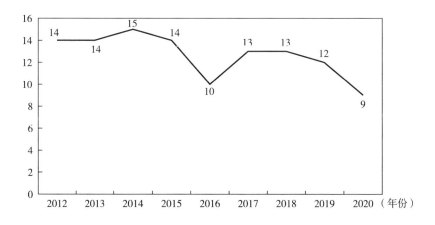

图6-14 2012~2020年陕西创新能力综合能力排名情况

从分项指标看（见图 6-15），陕西知识创造能力和创新绩效总体呈现上升趋势，其中创新绩效上升幅度明显，2020 年效用值达到最大。知识获取能力和创新环境指标一直呈现波动状态，但总体呈现稳定趋势，处于平稳发展的水平，而企业创新能力总体呈现下降趋势。2020 年，陕西企业创新、创新环境、创新绩效排名稳步上升，其中，创新环境排名第 7 位，上升 5 位，进步最大；企业创新排名第 19 位，上升 1 位；创新绩效排名第 8 位，上升 1 位；知识创造和知识获取排名与上年持平，分别排名第 6 位和第 18 位。

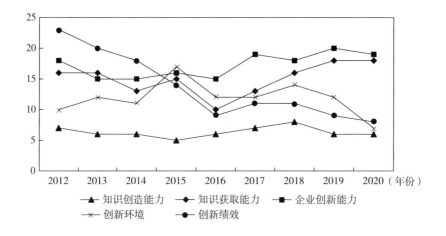

图 6-15　2012～2020 年陕西区域创新能力分项指标排名情况

2012～2020 年，陕西创新能力综合评价处于平稳进步。尤其是创新绩效综合指标进步明显。从 2020 年的折线图可以看出陕西区域创新能力的指标发展不均衡，知识获取指标和企业创新能力指标相较于 2012 年甚至有所退步。并且相较于知识创造指标、创新绩效综合指标和创新环境综合指标明显实力更弱。这充分说明虽然陕西有着众多优秀的高校和人才优势，但并未真正将知识高效率地转化为技术。并且本土企业的创新实力与活力不足，导致理论与知识只停留在纸面上，并未转化成真正的创新产出。

本章从知识创造能力、知识获取能力、企业创新能力、创新环境、创新绩效五个方面构建了陕西 2012 年、2014 年、2017 年、2020 年的蛛网图，如图 6-16 所示。

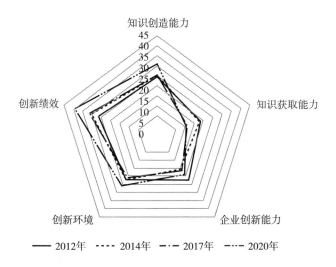

图 6-16 陕西区域创新能力综合评价蛛网图

由图 6-16 可知，2012 年区域创新能力的五项指标所形成的五边形相对比较对称，知识获取能力相对较弱，总体五边形的面积较小，说明 2012 年陕西区域创新能力还有待提高。2014 年的区域创新能力所形成的五边形不太对称，企业创新能力较弱，但创新绩效相较于 2012 年有较大进步，总体五边形的面积较小。2017 年区域创新能力所形成的五边形很不对称，其中知识获取能力相较于 2012 年和 2014 年退步较大，企业创新能力相较于 2012 年退步较大，但创新绩效相较于 2014 年有所进步。2020 年陕西区域创新能力的面积明显增大，说明 2020 年陕西区域创新能力增强明显，相较前几年有较大的进步。虽然在知识获取能力方面得分有所退步，但在创新绩效方面，五边形外扩明显，有较大的进步，呈现良好的发展势头。

（二）陕西区域创新能力分项指标分析

1. 陕西知识创造能力分析

《中国区域创新能力报告》将陕西知识创造综合能力从效率、实力、潜力三个方面进行排名，如表 6-10 所示。

表 6-10　2012~2020 年陕西知识创造能力综合指标排名

年份	综合指标值	排名	分项指标排名		
			实力	效率	潜力
2012	29.53	7	8	3	14
2013	31.94	6	7	3	14
2014	30.20	6	7	3	22
2015	31.08	5	7	3	15
2016	34.25	6	7	3	23
2017	30.41	7	9	4	27
2018	29.82	8	21	4	29
2019	35.65	6	8	3	21
2020	35.90	6	10	4	13

资料来源：历年《中国区域创新能力报告》，经笔者整理所得。

从表 6-10 可以看出，陕西的知识创造能力一直很强，近九年来在全国的排名都稳定靠前，处于领先地位，且排名波动较小。最高在 2015 年排到了第 5 名，最差排到了全国第 8 名。其中，实力排名中，除了 2018 年基本稳定于全国前 10 名；效率水平较高，一直处于全国第 3、第 4 名的水平，说明陕西知识创造的效率较高；潜力排名靠后，位于全国中等偏下的水平，2018~2020 年进步较大，进步了 17 名，2020 年陕西潜力排名处于全国中等水平。

由图 6-17 可得，2012~2020 年知识创造能力整体呈现上升趋势，其中，2012~2018 年的知识创造能力的综合值一直处于波动状态，但 2012~2015 年陕西排名持续上升，2015~2018 年退步明显。2018~2019 年上升幅度最大，2018~2020 年陕西知识创造能力持续上升。从排名情况看，陕西知识创造能力排名几乎稳定在全国第 6 名，其中 2015 年排名最靠前，居全国第 5 名。

根据研究开发投入、专利、科研论文作为陕西知识创造能力的二级指标，并对其实力、效率、潜力三个方面进行评分排名。如表 6-11、表 6-12、表 6-13 所示。

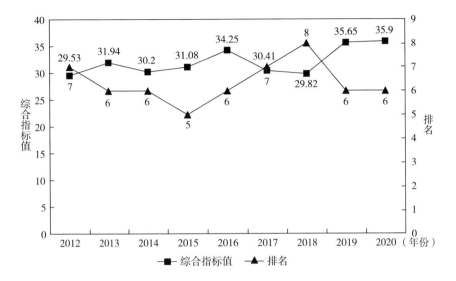

图 6-17　2012~2020 年陕西知识创造能力变化情况

表 6-11　2012~2020 年陕西知识创造研究开发投入综合指标情况

年份	综合指标值	排名	分项指标排名		
			实力	效率	潜力
2012	26.86	7	8	3	25
2013	26.33	9	8	3	27
2014	26.35	9	8	4	28
2015	26.88	8	7	4	22
2016	28.04	9	8	4	26
2017	28.58	7	8	4	15
2018	25.13	7	22	4	25
2019	35.65	6	8	3	21
2020	27.20	6	8	4	22

资料来源：历年《中国区域创新能力报告》，经笔者整理所得。

表 6-12　2012~2020 年陕西知识创造专利综合指标情况

年份	综合指标值	排名	分项指标排名		
			实力	效率	潜力
2012	23.98	10	10	13	6
2013	29.20	8	8	11	5

年份	综合指标值	排名	分项指标排名		
			实力	效率	潜力
2014	25.90	10	9	9	10
2015	27.69	10	9	8	7
2016	33.64	10	9	6	17
2017	22.97	16	12	11	30
2018	23.27	18	21	12	30
2019	38.04	9	10	5	15
2020	34.79	9	12	10	8

资料来源：历年《中国区域创新能力报告》，经笔者整理所得。

表 6-13 2012~2020 年陕西知识创造科研论文综合指标情况

年份	综合指标值	排名	分项指标排名		
			实力	效率	潜力
2012	45.99	5	7	1	20
2013	48.64	3	5	1	18
2014	46.5	4	5	1	21
2015	46.24	2	5	3	22
2016	47.9	2	5	2	21
2017	48.95	2	5	2	21
2018	52.29	2	21	2	12
2019	48.75	2	4	2	11
2020	55.50	2	4	2	5

资料来源：历年《中国区域创新能力报告》，经笔者整理所得。

由表 6-11 可知，陕西知识创造研究开发投入在全国排名靠前，稳定在前 10 名，2016~2020 年排名逐步上升，效率排名在全国前列，实力排名基本稳定在全国第 8 名，处于上等水平，说明陕西知识创造研究开发投入较强。其中，陕西知识创造研究开发投入的实力除 2018 年外基本稳定在全国第 8 名的水平；效率排名基本稳定在全国第 3、第 4 名的位置，位居全国前列；但潜力排名靠后，总体处于全国中等偏下的水平。

由表 6-12 可知，陕西知识创造专利情况多数位于全国第 10 名，2017 年、2018 年处于全国中等偏下水平，2019 年、2020 年排名又上升到全国第 9 名，处于上等水平。而 2020 年专利潜力排名位于全国 31 个省份中的第 8 名，排名有所上升，处于全国上等水平，说明陕西在专利方面比较有潜力；效率排名在全国前 10 名左右的位置波动；实力排名在 2016~2018 年有所下降，2020 年陕西知识创造专利位居全国第 12 名，处于中等偏上水平。

由表 6-13 可知，陕西科研论文的排名在全国前列，并且在 2015~2020 年一直位于全国第 2 名，其中，2012~2020 年效率的排名处于全国前 3 的水平，平均居于全国第 2 名，说明陕西科研论文方面效率很高，潜力排名在 2017~2020 年稳步上升，2020 年潜力排名位于全国第 5 名。

陕西的知识创造能力较强。陕西在全国 31 个省市中排名一直靠前，最差也排在第 8 名，平均排在第 6 名，处于上等水平。这主要是因为：知识创造研究开发投入和知识创造科研论文有较快的增长，尤其是科研论文的投入，2015~2020 年一直保持全国第 2 名。知识创造能力总体呈上升趋势，2019 年和 2020 年的排名位居全国第 9 名，处于中等偏上水平。

从图 6-18 可以看出，在三个衡量知识创造能力的指标中，科研论文综合指标尤为突出，主要是由于陕西高等院校和科研机构众多，论文的创造能力极强，但知识创造专利综合指标表现较差，也体现出了陕西重视科研文章，却没有重视专利。高校和科研机构"重成果、重论文、轻专利"的现象比较严重，导致专利产出上相对落后。陕西知识创造研发投入处于领先地位，2020 年，陕西研究和试验发展经费与地区生产总值之比达到 2.42%，较 2019 年提升了 0.15 个百分点，比全国平均水平高 0.02 个百分点，居全国第 7 位。研发投入强度排名前 6 位且超过全国平均水平的分别为北京、上海、天津、广东、江苏和浙江。

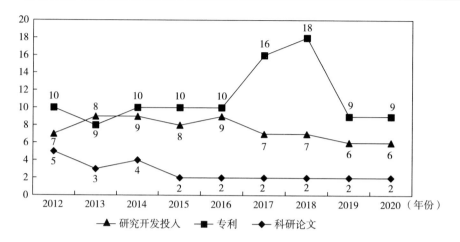

图 6-18 2012~2020 年陕西知识创造能力分项指标排名

2. 陕西知识获取能力分析

将陕西知识获取能力从效率、实力、潜力三个方面进行排名并给予评分，如表 6-14 所示。

表 6-14 2012~2020 年陕西知识获取综合指标情况

年份	综合指标值	排名	分项指标排名		
			实力	效率	潜力
2012	23.37	16	13	21	14
2013	22.85	16	13	19	6
2014	22.81	13	15	23	2
2015	21.04	15	15	25	3
2016	24.60	10	13	17	4
2017	16.19	13	13	20	8
2018	16.20	16	22	14	28
2019	14.92	18	13	19	16
2020	15.61	18	12	18	16

资料来源：历年《中国区域创新能力报告》，经笔者整理所得。

陕西的知识获取能力较弱。从表6-14可以看出，其中，2012~2020年排名呈先上升后下降的趋势。2012~2016年，总体呈上升趋势，并且陕西的潜力排名靠前，说明知识获取能力潜力很大。2017~2020年总体呈下降趋势，并且潜力排名逐年下降，处于全国中等偏下的水平，实力排名有所上升但上升不大。其中，陕西知识获取能力最好的一次是2016年位居全国第10名，最差的排名是2019年和2020年位居全国第18名。总体来说，陕西知识获取能力处于全国中等偏下的水平。

由图6-19可以看出，2012~2020年陕西知识获取能力综合值总体呈现下降的趋势，其中，2012~2016年呈现波动状态，排名在14~16名。2016年，知识获取能力位居全国第10名。

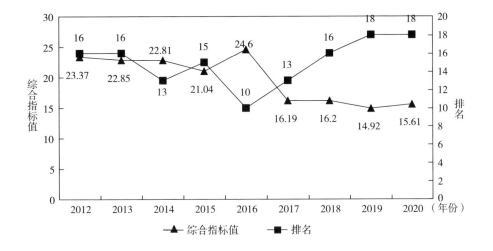

图6-19　2012~2020年陕西知识获取能力变化情况

将科技合作、技术转移、外资企业投资作为陕西知识获取能力的二级指标，并对其实力、效率、潜力三个方面进行排名。如表6-15、表6-16、表6-17所示。

表6-15　2012~2020年陕西科技合作综合指标情况

年份	综合指标值	排名	分项指标排名		
			实力	效率	潜力
2012	34.64	18	9	23	24
2013	32.35	15	9	19	25
2014	32.56	17	10	19	23
2015	28.96	17	11	21	21
2016	35.18	9	9	12	12
2017	32.75	7	6	13	8
2018	34.93	12	25	11	28
2019	26.96	10	10	10	24
2020	30.78	7	9	6	19

资料来源：历年《中国区域创新能力报告》，经笔者整理所得。

表6-16　2012~2020年陕西技术转移综合指标情况

年份	综合指标值	排名	分项指标排名		
			实力	效率	潜力
2012	31.45	7	9	7	4
2013	20.80	15	15	15	8
2014	12.59	20	24	27	3
2015	17.85	13	13	18	5
2016	19.93	14	15	14	5
2017	11.94	18	15	22	8
2018	12.5	15	16	8	19
2019	13.09	21	12	22	25
2020	10.65	27	12	28	22

资料来源：历年《中国区域创新能力报告》，经笔者整理所得。

表6-17　2012~2020年陕西外资企业投资综合指标情况

年份	综合指标值	排名	分项指标排名		
			实力	效率	潜力
2012	8.85	26	23	19	24
2013	17.26	15	22	19	6

续表

年份	综合指标值	排名	分项指标排名		
			实力	效率	潜力
2014	23.16	11	19	15	1
2015	17.5	13	18	14	3
2016	20.17	13	18	14	3
2017	6.95	19	18	16	23
2018	4.93	22	23	14	25
2019	7.27	16	19	14	8
2020	7.95	14	17	13	6

资料来源：历年《中国区域创新能力报告》，经笔者整理所得。

由表6-15可知，陕西2012~2020年科技合作排名总体呈现上升趋势，其中2012~2017年排名呈逐年上升趋势，并且2017年达到最高，位居全国第7名。2017年是转折点，这一年陕西潜力排名位于全国第8名，实力排名位于全国第6名，是2012~2020年排名最靠前的一年。2017~2018年总体排名有所下滑，2018~2020年总体排名逐年上升，其中，2020年总体排名位居全国第7名，处于全国上等水平，实力和效率排名靠前，说明陕西2020年在科技合作方面有不错的实力，效率处于较高水平。

由表6-16可知，陕西2012~2020年技术转移能力总体呈下降趋势，其中2015~2020年排名逐年下降，并且2020年陕西技术转移能力在全国排第27名，处于全国末位水平，说明陕西技术转移能力相对较差。陕西技术转移的实力总体位于全国中等水平，技术转移的效率总体位于全国末位，技术转移的潜力排名在2018~2020年处于全国中等偏下的水平。

由表6-17可以看出，陕西2012~2020年外资企业投资总体呈波动状态，其中，2012年位居全国第26名，处于末位水平。排名最靠前的一次是2014年，位居全国第11名，处于中等偏上的水平，其中这一年的外资企业投资的潜力位居全国第1名。2018~2020年排名逐年上升，其中外资企业投资的实力逐年上升，2020年处于全国中等偏上的水平，2018~2020年外资企业投资的效率排名上升一名，2018~2019年外资企业投资的潜力排名进步较大，排名前进了17名。

总体来看，陕西外资企业投资情况处于全国中等水平，比较有潜力。

从图 6-20 可以得到，2012～2020 年陕西科技合作能力总体呈上升趋势，陕西技术转移能力总体呈下降趋势，而陕西外资企业投资方面总体呈波动状态。其中，科技合作能力在 2015～2016 年进步较大，并且 2018～2020 年科技合作和外资企业投资排名呈逐年靠前的趋势，而 2018～2020 年陕西技术转移排名逐年下降。

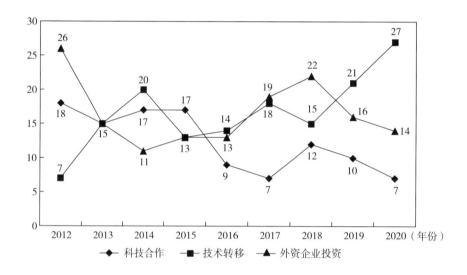

图 6-20　2012～2020 年陕西知识获取能力分项指标排名

2012～2020 年，科技合作和外资企业投资两项指标取得了较大进步，但近几年总体情况与前几年排名相比有所退步。尤其是技术转移综合指标，2015年排名处于全国中等水平，但 2020 年却处于全国末位。这些指标与地理位置邻近、经济发展水平相近的重庆和四川相比，排名差距很大。可能原因在于：首先，技术转移指标排名落后。由于陕西技术转移的规模较小，专业化程度不高，对技术转移的重视程度不足，且缺少技术转移的相关综合人才和人才的培养体系。技术转移是一个复杂的过程，合作机制不健全也是陕西技术转移能力较低的一个重要原因。其次，陕西对外资的吸引力度也不足，外资的溢出效果不明显。主要是由于经济基础薄弱，产业设施不够完善，产业分布也极不均衡。

陕西要提升知识获取能力，需要建立科学标准的技术转移服务评价体系，培养技术转移的高素质人才，并加大吸引外资的力度，完善外商投资结构。

3. 陕西企业创新能力分析

将陕西企业创新能力从实力、效率、潜力三个方面进行排名，如表6-18所示。

表6-18　2012~2020年陕西企业创新能力综合指标情况

年份	综合指标值	排名	分项指标排名		
			实力	效率	潜力
2012	27.38	18	17	16	17
2013	25.86	15	17	14	21
2014	20.45	15	17	14	20
2015	24.16	16	17	15	18
2016	23.04	15	17	14	18
2017	21.41	19	18	16	23
2018	19.89	18	21	16	22
2019	22.22	20	18	17	17
2020	23.78	19	18	15	10

资料来源：历年《中国区域创新能力报告》，经笔者整理所得。

由表6-18可知，陕西企业技术创新能力排名相对较低。2012~2020年，陕西企业创新能力排名总体处于偏下水平。其中，2012~2016年基本稳定在全国第15名，并且企业创新实力稳定在全国第17名的位置，处于中等偏下水平，企业创新效率基本在全国第14名左右，处于中等水平，企业创新潜力排名相对靠后，处于全国中等偏下的水平。2017~2020年，陕西企业创新实力有所下降，基本在全国第19名左右，处于中等偏下水平，其中，企业创新效率和潜力有所提升，尤其潜力排名提升较大，2020年达到了全国第10名，说明陕西企业创新潜力较好。

从图6-21可以看出，陕西企业创新能力总体呈现下降趋势，波动幅度不大。2012~2016年排名情况相对稳定，2016~2020年排名总体呈下降趋势。

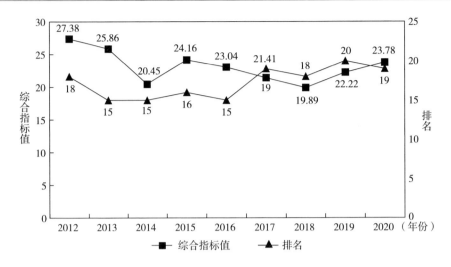

图 6-21 2012~2020 年陕西企业创新能力变化情况

将企业研究开发、企业设计能力、技术提升能力、新产品销售收入作为陕西企业研究开发投入的二级指标，并对其实力、效率、潜力三个方面进行排名。如表 6-19、表 6-20、表 6-21 所示。

表 6-19 2012~2020 年陕西企业研究开发投入综合指标情况

年份	综合指标值	排名	分项指标排名		
			实力	效率	潜力
2012	41.00	16	17	14	20
2013	36.24	14	16	13	19
2014	27.54	13	16	13	15
2015	33.76	13	16	11	13
2016	34.1	13	16	10	11
2017	35.62	13	17	12	18
2018	28.56	14	20	13	20
2019	27.55	20	18	14	19
2020	26.50	21	18	19	20

资料来源：历年《中国区域创新能力报告》，经笔者整理所得。

表 6-20 2012~2020 年陕西企业设计能力综合指标情况

年份	综合指标值	排名	分项指标排名		
			实力	效率	潜力
2012	19.28	14	16	13	3
2013	17.52	13	16	13	7
2014	18.26	12	14	11	4
2015	22.49	11	14	11	7
2016	18.69	22	16	16	26
2017	11.9	23	17	18	27
2018	13.02	23	23	20	19
2019	19.47	21	17	17	18
2020	24.65	12	17	12	7

资料来源:历年《中国区域创新能力报告》,经笔者整理所得。

由表 6-19 可知,陕西企业研究开发投入在 2012~2018 年处于中等偏上的水平,基本位居全国第 13 名,而 2019~2020 年下降至全国第 20 名左右,处于中等偏下的水平,其中可能的原因是企业研究开发投入的潜力和效率有所退步。

由表 6-20 可知,陕西企业设计能力在 2012~2015 年是波动上升的状态,处于全国中等偏上的水平,2016 年相较于 2015 年下降了 11 名,2016~2019 年位于全国第 20 名以后,处于中等偏下的水平,而 2020 年相较于 2019 年进步了 9 名,处于全国中等偏上的位置。其中,企业设计能力的效率有所提升,潜力提升最大,相较上一年提升了 11 名。

表 6-21 2012~2020 年陕西技术提升能力综合指标情况

年份	综合指标值	排名	分项指标排名		
			实力	效率	潜力
2012	26.21	16	19	11	25
2013	26.09	20	19	8	26
2014	18.53	18	20	12	28
2015	18.23	23	22	13	27

续表

年份	综合指标值	排名	分项指标排名		
			实力	效率	潜力
2016	20.35	16	19	15	8
2017	25.4	18	19	15	14
2018	24.74	18	22	9	17
2019	29.3	15	16	12	4
2020	24.20	15	17	15	6

资料来源：历年《中国区域创新能力报告》，经笔者整理所得。

由表6-21可知，陕西技术提升能力排名最低的一年是2015年，位居全国第23名，2019年和2020年排名最靠前，位居全国第15名，处于中等水平。技术提升能力的实力总体处于中等偏下水平，还有待进一步提高，效率总体处于中等水平，潜力近几年排名靠前，说明陕西技术提升能力有较大潜力。

由表6-22可知，陕西新产品销售收入总体处于中等偏下的水平。2017~2020年排名逐年提升，其中2020年进步最大，相较于上一年进步了4名。2020年，新产品销售收入的实力、效率、潜力都有所提升，其中潜力进步最大，相较于上一年进步了7名。

表6-22　2012~2020年陕西新产品销售收入综合指标情况

年份	综合指标值	排名	分项指标排名		
			实力	效率	潜力
2012	19.95	21	18	2	19
2013	20.90	21	19	18	18
2014	16.09	26	21	23	24
2015	19.61	23	20	22	21
2016	15.69	22	20	21	17
2017	10.39	26	20	25	21
2018	12.36	25	21	23	23
2019	11.28	24	20	24	12
2020	17.98	20	18	22	5

资料来源：历年《中国区域创新能力报告》，经笔者整理所得。

从图 6-22 可以看出，陕西企业创新能力处于中等偏下水平。其中，企业研究开发投入排名总体呈下降趋势，新产品销售收入和技术提升能力一直处于波动状态。陕西近三年企业的研发经费投入指标近两年排名下降严重。从全国中等水平已经下降到了中后水平，2020 年排名仅第 21 名。陕西企业对于创新的投入力度不足是企业技术创新能力较差的主要原因之一，企业的研发经费投入体现了企业对于研发的重视程度，没有资金的支持，企业自然难以产出良好的创新成果。另外，陕西新产品销售收入指标也稳定处于全国中后水平，波动幅度不大。企业的设计能力前些年一直处于全国中后水平，但 2020 年取得了较大进展，相比 2019 年的第 21 名进步到了第 12 名。陕西技术提升能力综合指标一直比较稳定，处于全国中等水平。

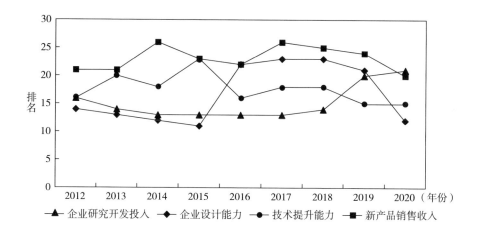

图 6-22　2012~2020 年陕西企业创新能力分项指标排名

　　陕西技术创新能力综合情况排名靠后的主要原因是地方财政支持力度相对较小，同时企业自身创新产出不足。目前，陕西在引进先进技术并转化为自有技术方面的能力相对较弱。此外，创新技术的扩散和转移能力较低，科技成果的应用能力尚待提升。资金方面相比发达城市较为匮乏，地方财政的支持力度有限。另外，知识的创造需要人力资本的支持，尽管陕西高校林立，但未能有效留住本地所培养的大量人才，这也是导致陕西技术创新能力相对较弱的一个重要原因。

4. 陕西创新环境分析

将陕西创新环境从实力、效率、潜力三个方面进行排名和评分，如表6-23所示。

表 6-23 2012~2020 年陕西创新环境综合指标排名

年份	综合指标值	排名	分项指标排名		
			实力	效率	潜力
2012	27.09	10	16	6	7
2013	26.26	12	16	11	13
2014	27.11	11	17	11	10
2015	25.68	17	17	14	10
2016	25.93	12	16	7	13
2017	25.83	12	18	8	19
2018	26.82	14	23	11	14
2019	23.55	12	15	10	16
2020	30.88	7	13	4	10

资料来源：历年《中国区域创新能力报告》，经笔者整理所得。

由表6-23可知，陕西创新环境总体处于全国中等偏上的水平。其中，排名最差的是2015年，位于全国第17名，排名最高的是2020年，位于全国第7名。2018~2020年整体呈上升趋势，其中2019~2020年的进步最大，居全国第7位，比2015年前进10位，取得了较大进步。2020年，陕西创新环境的实力、效率和潜力都有所提升，其中效率和潜力进步较大，相较于前一年进步了6名。创新环境这一指标排名偶有波动，总体而言排名位于全国上游。

从图6-23可以看出，陕西创新环境综合值总体变化不大，但近三年陕西创新环境有明显的上升趋势。从排名情况看，2012~2015年总体呈下降趋势，其中2015年退步较大，2015~2020年总体呈上升趋势，其中2020年进步较大。

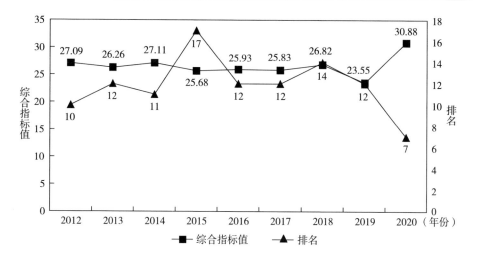

图 6-23 2012~2020 年陕西创新环境变化情况

将创新基础设施、市场环境、劳动者素质、就业、可持续发展与环保作为陕西创新环境的二级指标，并对其实力、效率、潜力三个方面进行排名，如表 6-24、表 6-25、表 6-26、表 6-27、表 6-28 所示。

表 6-24 2012~2020 年陕西创新基础设施综合指标情况

年份	综合指标值	排名	分项指标排名		
			实力	效率	潜力
2012	9.03	18	14	16	15
2013	10.69	24	18	23	15
2014	18.39	17	17	19	9
2015	19.31	22	17	21	20
2016	19.87	16	17	11	20
2017	21.4	18	18	13	15
2018	25.99	13	23	18	7
2019	26.26	12	17	9	13
2020	30.80	13	17	6	18

资料来源：历年《中国区域创新能力报告》，经笔者整理所得。

表 6-25　2012～2020 年陕西市场环境综合指标情况

年份	综合指标值	排名	分项指标排名		
			实力	效率	潜力
2012	33.57	14	17	16	5
2013	39.61	18	21	16	10
2014	45.13	12	21	18	5
2015	37.16	13	17	18	2
2016	30.06	10	12	8	6
2017	33.92	11	12	7	14
2018	35.36	10	26	8	7
2019	27.81	9	13	7	7
2020	31.37	10	13	7	5

资料来源：历年《中国区域创新能力报告》，经笔者整理所得。

表 6-26　2012～2020 年陕西劳动者素质综合指标情况

年份	综合指标值	排名	分项指标排名		
			实力	效率	潜力
2012	29.08	7	12	10	10
2013	26.96	20	16	13	16
2014	29.93	13	14	13	8
2015	31.06	15	14	14	13
2016	31.78	19	14	14	15
2017	31.31	8	14	9	6
2018	21.49	29	17	15	31
2019	26.91	18	15	14	22
2020	30.65	20	14	15	24

资料来源：历年《中国区域创新能力报告》，经笔者整理所得。

表 6-27　2012～2020 年陕西金融环境综合指标情况

年份	综合指标值	排名	分项指标排名		
			实力	效率	潜力
2012	29.33	6	9	5	18
2013	22.43	12	11	6	22

续表

年份	综合指标值	排名	分项指标排名		
			实力	效率	潜力
2014	13.08	16	13	13	27
2015	11.4	22	19	17	22
2016	20.18	11	13	6	28
2017	15.32	17	18	12	28
2018	28.67	8	26	7	3
2019	14.54	16	13	11	22
2020	31.44	3	7	2	4

资料来源：历年《中国区域创新能力报告》，经笔者整理所得。

表6-28 2012~2020年陕西创业水平综合指标情况

年份	综合指标值	排名	分项指标排名		
			实力	效率	潜力
2012	34.43	9	18	7	14
2013	31.63	7	18	8	8
2014	29.02	10	18	8	8
2015	29.47	13	16	9	10
2016	27.75	13	17	6	15
2017	27.21	16	19	10	19
2018	22.6	18	24	17	14
2019	22.25	15	15	10	15
2020	30.15	10	16	7	6

资料来源：历年《中国区域创新能力报告》，经笔者整理所得。

由表6-24可知，陕西创新基础设施水平总体呈上升趋势。排名最靠后的年份是2013年，其中，创新基础设施的实力和效率都相较于上一年有所退步。2015~2020年创新基础设施水平总体呈上升趋势，2018~2020年陕西基本稳定在全国第12、第13名，处于中等偏上的水平。其中，2019年和2020年陕西创新基础设施的效率相较于2018年分别进步了9名和12名，有较大进步。

由表6-25可知，陕西市场环境总体处于全国中等偏上的水平。2012~2015年，陕西市场环境排名在10名之后，可能由于市场环境的实力和效率不够高，分别处于全国中等偏下水平和中等水平。2016～2020年，陕西市场环境基本位居全国前10名，其中可能因为陕西的市场环境效率有很大的进步，2020年相较于2012年进步了9名。

由表6-26可知，陕西劳动者素质总体处于中等偏下水平。2012年和2017年陕西排名最靠前，分别位居全国第7名和第8名，其中，劳动者素质的效率和潜力都位于全国前10的位置。2013年和2018年相较于上一年退步较大，分别退步了13名和21名，其中，效率和潜力都退步明显，2018年劳动者素质的潜力更是退步到了全国第31名的位置，处于倒数水平。2018～2020年，陕西劳动者素质排名都处于全国中等偏下的水平，相较于2012～2018年有所退步，其中潜力退步明显，处于全国中等偏下水平。

由表6-27可知，陕西金融环境的波动较大。2012～2015年陕西金融环境呈逐年下降的趋势，并且每年退步较大，2015年相较于2012年退步了16名，处于中等偏下的水平。2016～2020年一直处于波动状态，2016年相较于上一年进步了11名，其中，金融环境的效率进步了11名，位居全国第6名，但潜力排名位居全国第28位，处于全国末位水平。2020年相较于上一年进步较大，进步了13名，位居全国第3名，其中金融环境的实力进步了5名，效率进步了9名，位居全国第2名，潜力进步了18名，位居全国第4名。

由表6-28可知，陕西创业水平总体呈中等偏上的水平。2012～2018年创业水平呈现逐年下降的趋势，2018年相较于2012年排名下降了9名。2018～2020年呈逐年上升的趋势，2020年相较于上一年进步了5名，位居全国第10名，其中2020年的创业水平效率和潜力分别位居第7名和第6名，处于上等水平。

由图6-24可知，陕西创新基础设施排名总体呈上升趋势，2017～2018年进步较大，2018～2020年处于比较稳定的状态。陕西市场环境总体呈上升状态，2013～2014年进步较大，2014～2020年稳步上升但是幅度不大。劳动者素质波动幅度较大，尤其2017～2018年退步明显。2012～2020年的金融环境波动也比较大，但是2020年达到了全国前列的水平。2013～2018年，陕西创业水平逐年下降，2018～2020年创业水平排名逐年提升，到2020年达到了全国前10名。

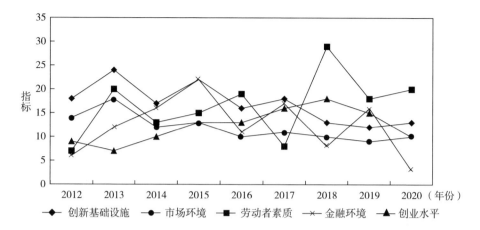

图 6-24　2012~2020 年陕西创新环境分项指标排名

相较于 2019 年，2020 年创新基础设施、市场环境、劳动者素质综合指标排名分别下降 1 名、1 名和 2 名，居全国第 13、第 10 和第 20 名，其中劳动者素质指标下降严重；金融环境和创业水平综合指标排名分别上升了 13 名和 5 名，分别居全国第 3 名和第 10 名，位居全国前列。

5. 陕西创新经济绩效分析

将陕西创新经济绩效从实力、效率、潜力三个方面进行排名并评分，如表 6-29 所示。

表 6-29　2012~2020 年陕西创新经济绩效综合指标情况

年份	综合指标值	排名	分项指标排名		
			实力	效率	潜力
2012	31.42	23	17	15	10
2013	32.13	20	16	19	12
2014	35.08	18	16	20	11
2015	34.34	14	18	19	7
2016	41.10	9	17	7	12
2017	36.25	11	18	7	20
2018	39.55	11	25	7	14

续表

年份	综合指标值	排名	分项指标排名		
			实力	效率	潜力
2019	41.55	9	12	9	12
2020	44.15	8	13	9	6

资料来源：历年《中国区域创新能力报告》，经笔者整理所得。

由表6-29可知，陕西创新经济绩效明显呈上升趋势。2012～2016年创新经济绩效逐年递增，其中，2016年进步明显，相较于上一年进步了5名，位居全国前10名。原因是创新经济绩效的效率有很大的提升，相较于上一年进步了12名。排名最靠前的是2020年，相较于上一年进步了1名，位居全国第8名，处于全国上等水平，其中创新经济绩效的潜力进步很大，相较于上一年进步了6名，相较于2017年进步了14名。陕西创新经济绩效近九年全国排名取得了巨大进步。2012年排在第23名，位于全国末端，2020年已经排到全国第8名，位于全国前列。

从图6-25可知，陕西创新绩效呈明显上升趋势。2012～2016年排名逐年上升，2016～2017年排名稍有后退，2017～2020年陕西创新绩效提高，2019年和2020年位居全国前10名。

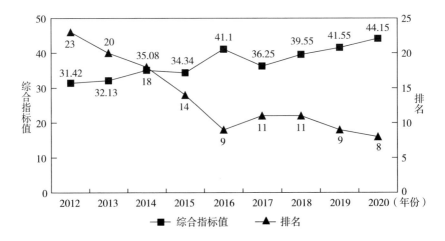

图6-25　2012～2020年陕西创新绩效变化情况

将宏观经济、产业结构、产业国际竞争力、就业、可持续发展和环保作为陕西创新经济绩效的二级指标，并对其实力、效率、潜力三个方面进行排名。如表6-30~表6-34所示。

表6-30　2012~2020年陕西宏观经济综合指标情况

年份	综合指标值	排名	分项指标排名		
			实力	效率	潜力
2012	34.85	13	17	15	4
2013	32.94	18	17	15	4
2014	36.92	14	16	14	5
2015	34	13	16	13	4
2016	36.43	15	16	14	7
2017	32.09	17	15	14	22
2018	34.78	16	24	13	16
2019	34.14	14	15	12	9
2020	36.35	13	14	12	5

资料来源：历年《中国区域创新能力报告》，经笔者整理所得。

表6-31　2012~2020年陕西产业结构综合指标情况

年份	综合指标值	排名	分项指标排名		
			实力	效率	潜力
2012	17.87	17	16	17	7
2013	16.02	19	18	17	10
2014	15.73	21	18	18	15
2015	14.46	22	19	21	13
2016	18.13	19	18	21	14
2017	17.02	19	18	21	13
2018	16.74	21	22	24	16
2019	18.99	28	18	25	21
2020	16.57	29	18	30	21

资料来源：历年《中国区域创新能力报告》，经笔者整理所得。

表 6-32　2012~2020 年陕西产业国际竞争力综合指标情况

年份	综合指标值	排名	分项指标排名		
			实力	效率	潜力
2012	9.76	25	22	25	23
2013	8.93	25	22	24	20
2014	9.78	18	18	18	13
2015	14.62	11	17	15	3
2016	50.82	3	12	1	5
2017	45.68	4	12	2	8
2018	47.69	3	14	2	6
2019	51.49	2	7	1	2
2020	63.69	2	7	1	2

资料来源：历年《中国区域创新能力报告》，经笔者整理所得。

由表 6-30 可知，陕西宏观经济总体呈中等水平。2012~2016 年基本稳定在全国中等和中等偏上的位置，而宏观经济的实力和效率排名处于中等位置，潜力则排名在全国前 7 的位置，处于全国上等水平。2017 年，陕西宏观经济排名有所后退，相较于上一年退步了两名，其中潜力排名退步较大，相较于上一年退步了 15 名，处于全国中等偏下的水平。2017~2020 年，陕西宏观经济排名稳步上升，其中潜力也逐年上升，其中，2020 年的宏观经济潜力相较于 2017 年前进了 17 名，位居全国第 5 名。

由表 6-31 可知，陕西产业结构总体处于中等偏下的水平。2016~2020 年有明显的下降趋势，尤其是 2019 年和 2020 年，分别位居全国第 28、第 29 名，处于末位水平。其中，陕西产业结构效率总体呈现逐年下降的趋势，2020 年的产业结构效率排名全国第 30 名，位居全国倒数第 2 的水平。产业结构的实力基本位居全国第 18 名的位置，总体处于全国中等偏下的水平。潜力总体呈下降趋势，2019 年和 2020 年位于全国第 21 名。

由表 6-32 可知，陕西产业国际竞争力总体上升趋势明显。2013~2016 年产业国际竞争力进步较大，其中 2014 年相较于上一年进步了 7 名，2015 年相较于上一年进步了 7 名，2016 年相较于上一年进步了 8 名，位居全国前列，排在第 3 名。陕西的产业国际竞争力的实力、效率、潜力都进步明显，2019 年和 2020 年产业国际竞争力位居全国第 2 名，实力、效率、潜力分别位于全国第 7、第 1 和第 2 名，处于全国上等水平，居于全国前列。

表 6-33　2012~2020 年陕西就业综合指标情况

年份	综合指标值	排名	分项指标排名		
			实力	效率	潜力
2012	20.29	27	18	27	27
2013	27.37	23	16	23	19
2014	31.74	26	12	25	25
2015	31.29	23	12	22	23
2016	28.22	23	15	14	25
2017	21.67	17	15	13	18
2018	24.98	13	21	14	13
2019	30.97	18	15	14	12
2020	30.62	20	16	15	21

资料来源：历年《中国区域创新能力报告》，经笔者整理所得。

由表 6-33 可知，陕西就业总体处于全国中等偏下的水平。2014~2018 年总体呈现排名上升的趋势，2019~2020 年陕西就业情况排名有所下降。其中，就业的实力和效率处于全国中等水平，潜力有明显下降，2020 年潜力相较于上一年退步了 9 名。

表 6-34　2012~2020 年陕西可持续发展和环保综合指标情况

年份	综合指标值	排名	分项指标排名		
			实力	效率	潜力
2012	74.34	9	11	11	26
2013	75.40	6	8	7	11
2014	81.24	5	8	5	18
2015	77.34	8	11	8	24
2016	71.88	9	11	8	22

续表

年份	综合指标值	排名	分项指标排名		
			实力	效率	潜力
2017	64.81	16	13	15	29
2018	73.57	9	22	12	22
2019	72.14	11	12	11	21
2020	73.51	9	12	10	19

资料来源：历年《中国区域创新能力报告》，经笔者整理所得。

由表6-34可知，陕西可持续发展和环保总体处于中等偏上的水平。2012~2020年基本上都处于全国前10名的水平，除2017年位于第16名，2019年位于第11名。2017年相较于上一年退步较大，退步了7名，位于第16名，处于全国中等水平，其中可持续发展和环保的实力退步了两名，效率和潜力退步较大，都相较于上一年退步了7名。2020年陕西可持续发展和环保水平有所回升，相较于前一年进步了2名，可持续发展的环保效率和潜力也有所进步，分布相较于上一年进步了1名和3名。

从图6-26可得，陕西宏观经济总体呈波动状态，产业结构总体呈下降趋势，产业国际竞争力上升趋势明显，就业总体呈上升趋势，可持续发展环保处于中等偏上水平，大体呈波动状态。通过分析陕西创新经济绩效的分项指标发现，陕西2020年宏观经济、可持续发展与环保综合指标排名与2019年相比分别上升1名和2名，居于全国第13名和第9名；产业结构、就业综合指标排名分别下降1名和2名，分别位居全国第29、第20名，陕西产业结构从实力、潜力、效率三个方面都有所欠缺；产业国际竞争力综合指标排名与上年持平，位居全国第2名。

陕西是中国传统的重工业基地，所以能源化学工业、装备制造、有色冶金等产业相对发达，产业结构偏向传统重工业，而新兴产业的规模较小，创新驱动能力较弱，产业结构没有得到根本的转换。将来，陕西亟须进行产业结构的调整与升级，重点发展现代化学工业、汽车、高端装备制造、信息技术、新材料能源、现代医药等新兴支柱产业，并根据本土特色，因地制宜地建立陕西特色的现代产业体系。

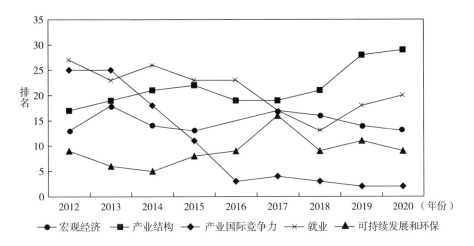

图 6-26　2012~2020 年陕西创新绩效分项指标排名

二、陕西地级市区域创新能力现状评价

（一）模型建立

熵权法的核心是确定各指标数据的差异，这对客观数据的准确性和完整性提出了很高要求。熵权法完全根据个体指标数据的实际情况确定权重，避免了主观因素的掺杂。因此，可以客观地确定各指标的权重，使评价依据更加准确科学。所以本章运用熵权法对陕西的西安、咸阳、安康、宝鸡、渭南、汉中、榆林、延安、铜川和商洛 10 个地级市的区域创新能力进行评价。为了保证结果的科学性与有效性，本章先将数据标准化，计算权重结果如下：

1. 数据标准化

正向指标处理：

$$r_{ij} = \frac{x_{ij} - \min(x_i)}{\max(x_i) - \min(x_i)} \tag{6-6}$$

负向指标处理：

$$r_{ij} = \frac{\max(x_i) - x_{ij}}{\max(x_i) - \min(x_i)} \tag{6-7}$$

式中，x_{ij} 是数据中 i 市第 j 个指标的数据，r_{ij} 为无量纲值。

2. 计算指标的熵值

$$H_j = - k \sum_{i=1}^{m} f_{ij} \cdot \ln f_{ij} \qquad (6-8)$$

$$f_{ij} = \frac{r_{ij}}{\sum\limits_{i=1}^{m} r_{ij}}, \quad k = \frac{1}{\ln m} \qquad (6-9)$$

3. 计算第 j 个指标的熵权

$$w_{ij} = \frac{1 - H}{\sum\limits_{j=1}^{n}(1 - H)} = \frac{1 - H_j}{n - \sum\limits_{j=1}^{n} H_j} \qquad (6-10)$$

4. 计算指标得到综合权数

$$\lambda_j = \frac{\lambda'_j w_j}{\sum\limits_{j=1}^{n} \lambda'_j w_j} \qquad (6-11)$$

（二）指标体系构建与数据来源

参考现有的研究成果，本章从知识流动能力、知识创造能力、创新经济绩效和创新环境四个方面建立陕西区域创新能力的评价体系，包括二级指标：技术合同成交额、实际利用外资、专利申请数、专利授权数、政府的科技研发经费支出、政府财政支出、社会固定资产投资、全市生产总值与第三产业占第一产业比重，具体如表6-35所示。

本节所用数据均来自2013~2021年的《中国城市统计年鉴》和《陕西科技统计年鉴》。

表6-35　陕西区域创新能力评价指标体系

一级指标	二级指标	变量标识
知识流动能力 X_1	技术合同成交额	X_{11}
	实际利用外商投资	X_{12}
知识创造能力 X_2	专利申请数	X_{21}
	专利授权数	X_{22}
	政府科技研发财政经费支出	X_{23}

续表

一级指标	二级指标	变量标识
创新环境 X_3	政府财政支出	X_{31}
	社会固定资产投资额	X_{32}
创新经济绩效 X_4	全市生产总值	X_{41}
	第三产业占第一产业比重	X_{42}

由式（6-11）计算得到表6-36。

表6-36　熵权法计算权重结果

一级指标	二级指标	信息熵值	信息效用值	权重
知识创造能力 X_1	X_{11} 技术合同成交额	0.539	0.461	0.209
	X_{12} 实际利用外商投资	0.58	0.42	0.191
知识获取能力 X_2	X_{21} 专利申请量	0.673	0.327	0.148
	X_{22} 专利授权量	0.674	0.326	0.148
	X_{23} 市政府的科学技术财政支出	0.696	0.304	0.138
创新环境 X_3	X_{31} 政府财政支出	0.935	0.065	0.029
	X_{32} 社会固定资产投资总额	0.929	0.071	0.032
创新经济绩效 X_4	X_{41} 全市生产总值	0.858	0.142	0.064
	X_{42} 第三产业占第一产业比重	0.909	0.091	0.041

区域创新能力指标的熵值越大，其相对应权重越小，即指标能体现出来的信息越少。由上文可知，权重前四的指标分别为：技术合同成交额、实际利用外商投资、专利申请量和授权量、政府的科学技术财政支出。说明这四个指标是影响区域创新能力的主要因素，技术合同成交额和实际利用外资都是用于衡量知识流动能力的指标，专利申请数、授权数和政府的科技研发经费支出是衡量知识创造能力的指标。因此着眼于提升区域创新能力时，提升知识流动能力和知识创造能力是重中之重。并且，应加快区域企业的创新产出和积极做好招商引资，当地政府应加大对科学技术的资金投入。同时，应改善创新技术环境，提升创新经济绩效，使其对陕西区域创新能力做出更大的贡献。

（三）陕西区域创新能力现状综合得分分析

数据经过标准化后算出权重，用权重乘以相应标准化后的数据得出了各城市不同年份区域创新能力的综合评分。如表6-37所示。

表6-37　陕西地级市区域创新能力综合得分情况

年份 地区	2012	2013	2014	2015	2016	2017	2018	2019	2020
安康	0.008	0.009	0.013	0.014	0.021	0.022	0.027	0.031	0.033
宝鸡	0.027	0.033	0.055	0.042	0.057	0.062	0.084	0.084	0.079
汉中	0.012	0.015	0.018	0.020	0.025	0.028	0.030	0.040	0.045
商洛	0.009	0.010	0.013	0.013	0.021	0.021	0.025	0.026	0.024
铜川	0.010	0.011	0.013	0.014	0.018	0.020	0.024	0.026	0.027
渭南	0.019	0.023	0.026	0.031	0.036	0.036	0.045	0.045	0.042
西安	0.307	0.386	0.397	0.568	0.619	0.749	0.801	0.870	0.898
咸阳	0.023	0.029	0.036	0.046	0.050	0.057	0.063	0.070	0.074
延安	0.019	0.022	0.023	0.029	0.032	0.032	0.036	0.039	0.036
榆林	0.041	0.044	0.047	0.048	0.045	0.058	0.074	0.073	0.073

陕西10个地级市近九年的区域创新能力综合得分情况如表6-37所示。西安、咸阳、宝鸡、榆林的区域创新能力在全省排名靠前，其中，西安的优势远远超过其他9个城市，说明西安的创新能力很强，并且西安区域创新发展较为平稳。从科技实力角度看，西安科研院所和大学数量多、科技资源丰富、国家科技资源相对倾斜较大有关；从人力资本的角度看，西安拥有丰富的高质量人力资源和源源不断的人才输入。从经济实力看，西安的生产总值在全国范围内较为靠前，并常年处于陕西第1名，相较其他9个地级市，经济实力雄厚。基于上述原因，西安区域创新水平远超陕西其他地区。同时，从表6-37也可看出，陕西的区域创新能力明显不均匀：以西安、咸阳、宝鸡为代表的关中地区明显优于汉中、安康、商洛等陕南地区以及榆林、延安等陕北地区。

关中地区中，西安的区域创新能力全省最强，宝鸡和咸阳的区域创新能力较强，这三个城市在经济实力、科技水平、知识创造、劳动者素质、创新环境和绩效方面都是全省领先的城市，所以，区域创新综合能力位居前列。同时，区域创新能力靠前的城市全部集中在关中平原地区，并且整个关中地区的区域创新能力呈现出良好的发展势头，更加体现出关中强大的工业基础以及优越的地理位置。宝鸡总体来看位于全省第 2 的位置，并且呈现出积极、良好的发展态势。尤其 2012~2018 年发展迅速，说明宝鸡有强劲的区域创新能力。宝鸡的企业数相对较多，并且企业拥有较多的研究开发人员，有很强的设计能力，投入市场的新产品多，企业创新能力较强。这说明企业是创新的主体，企业技术创新能力是区域创新能力的核心。咸阳的区域创新能力总体位居全省第三的位置，2012~2020 年创新能力总值逐年稳步上升，到 2020 年，和第 2 名的宝鸡相差不大，咸阳的产业国际竞争力较强，带动了其创新能力的发展。渭南 2012~2018 年区域创新能力总体呈上升趋势，2018~2020 年总体呈稳定下降趋势。铜川创新能力总体位居全省靠后的位置，可能原因是铜川人口少，研发人员数量少，并且铜川的企业数量少，缺乏带动地区发展的主要力量，多方面原因导致铜川创新能力处于较低水平。

陕北地区以煤炭石油等矿产资源的开发为主，经济发展对外依存度不高，进出口额较小，产业国际竞争力等排名靠后，导致区域创新能力受到一定的影响。榆林 2012~2020 年区域创新能力综合值逐年上升，2012~2016 年每年进步不大，2016~2018 年三年进步很大，2017 年，榆林市科技局出台了《关于深入推进科技创新发展的意见》，积极推进创新载体建设，工作成效显著，也使得榆林在创新能力方面提高较为迅速。榆林由于自然资源丰富，其生产总值在近十年一直仅次于西安，排名全省第 2 名。有了良好的经济基础，更加有利于推动区域创新能力的提升。经济条件与创新能力的提升可以互相促进，因此榆林虽然没有众多高校和科研院所以及地理位置的优势，但也从中脱颖而出。延安 2012~2020 年区域创新能力总体稳步上升，延安总体发展态势基本良好，但创新能力每年进步不大，通过深层分析认为，延安相对来说观念还比较落后，缺乏创新思维，也缺乏相应的机制，同时企业的融资能力比较差，投入技术创新的资金少，导致企业作为创新主体没有发挥出应有的作用，人力资本方面比较缺乏，研发人员数量少，导致延安整体创新能力相对落后。

陕南地区的三个地市——汉中、安康、商洛经济状况在全省处于较低的水平，创新能力也较为落后。汉中相较于安康和商洛稍好，总的排名处于全省中等偏下的水平，而安康和商洛的情况不容乐观，经济落后必定意味着投入创新的经费严重不足，科研人员和企业的数量少也导致区域创新能力不足。

第四节　知识溢出对陕西区域创新能力影响的实证分析

一、模型的建立

本章选取陕西 2012～2020 年西安、榆林、延安、安康、汉中、宝鸡、商洛、铜川、咸阳、渭南 10 个地级市的面板数据，构建计量模型，如式（6-12）所示。

$$\ln S_{it} = \gamma \ln Spill_{it} + \alpha \ln FDI_{it} + \beta \ln Stu_{it} + \delta \ln GOV_{it} + \varphi \ln GDP_{it} + \varepsilon \qquad (6\text{-}12)$$

式中，区域创新能力综合得分（S）为被解释变量，知识溢出（$Spill$）为解释变量，高等院校在校学生数（Stu）、外商直接投资（FDI）、政府科学技术财政经费支出（GOV）、国内生产总值（GDP）为控制变量。i 表示陕西各个地级市；t 表示时间；ε 为常数；α、β、γ、δ、φ 为待估参数。

二、指标的选取与数据来源

（一）被解释变量

区域创新能力（S）：衡量区域创新能力的指标有很多，大多采用专利数据描述区域创新能力，由于专利数据能够反映各个地区的研究活动投资和创新发明信息，数据很容易获取，所以专利数成为衡量技术创新能力和创新产出最广泛使用的指标。但只采用专利数据作为指标描述区域创新能力，评价过于片面，无法全面刻画地区的区域创新能力，所以本章参考《中国区域创新能力评价报告》，从知识流动能力、知识创造能力、创新经济绩效和创新环境四个方面建立陕西区域创新能力的评价体系，利用熵权法进行综合指标评价，得出总得分作为被解释变量，这样对区域创新能力的评价将更加全面科学。

（二）解释变量

知识溢出（Spill）：采用本章第二节所计算出的知识溢出结果（见表6-38）作为解释变量，可以较为直接地研究不同城市知识溢出对区域创新能力的影响。

（三）控制变量

（1）高等院校在校学生数（Stu）：人力资本是推动区域创新发展不可忽视的因素之一，与当地的创新产出存在着紧密的关联。一般而言，人力资本对区域创新能力的提升存在着促进作用，人力资本越多，质量越高，区域创新能力越来越强。通常高校在校生受到过良好的教育，具备一定的技能和知识，并且高等教育是培养高素质人才的重要途径之一。同时，人力资本的测度也是一个难题，由于高校在校生人数的数据较容易取得，所以本章选择高校在校生人数作为衡量人力资本的解释变量。

（2）政府科学技术财政经费支出（GOV）：区域的创新产出离不开当地政府的支持与投入，通过大量学者的研究，一般而言，当地政府越支持本地的科学技术创新，区域的创新产出能力就越强。本章选取政府科学技术财政经费支出作为指标，可以直观地体现出当地政府对科技创新的支持程度。

（3）外商直接投资（FDI）：许多学者在研究中已经证实了外商直接投资对于区域创新产出的积极作用。外商直接投资代表了外资参与度，并且一般使用实际使用的外商直接投资总额作为指标，以考察国际知识溢出对区域技术创新的作用。外商直接投资作为一种有效的知识源，给本土企业带来了许多新兴的国际技术和创新知识。接触到的国际技术知识溢出越多，就越能够与国际知识结合根据本土情况产出新的知识。

（4）国内生产总值（GDP）：国内生产总值GDP代表区域经济发展水平，可以考察区域经济发展情况对区域创新能力的影响。一般来讲，区域经济发展水平越高，该区域投入创新活动的资金越多，进而区域创新能力越强。

表6-38　指标选取及数据来源

变量类型	变量说明	数据来源
被解释变量	区域创新能力（S）	第三节计算得出
解释变量	知识溢出（Spill）	第二节计算得出
控制变量	高等院校在校生人数（Stu）	《中国城市统计年鉴》
	政府科学技术财政经费支出（GOV）	
	外商直接投资（FDI）	
	国内生产总值（GDP）	

三、实证结果分析

（一）Hausman 检验和 F 检验

实证模型一般分为混合效应模型、随机效应模型和固定效应模型。在回归前，需要通过 Hausman 检验与 F 检验来选取合适的模型，具体统计检验结果如表6-39所示。对静态面板数据回归检验结果表明：Hausman 检验 p 值为 0.0132，拒绝原假设，选择固定效应面板模型，且 F 检验同样表明固定效应模型更为合适。

表6-39　统计检验结果

检验类型	统计量	p 值	结论
F 检验	13.56	0.0000	固定效应模型
Hausman 检验	42.28	0.0132	固定效应模型

（二）基准回归分析

在进行基准回归之前对因变量和自变量进行描述性统计分析，结果如表6-40所示。

表6-40　描述性统计结果

变量类型	变量名称	样本数	均值	标准差	最小值	最大值
被解释变量	S	90	0.093	0.19	0.008	0.90
解释变量	Spill	90	205.24	357.91	4.06	1366.91

变量类型	变量名称	样本数	均值	标准差	最小值	最大值
控制变量	Stu	90	109085.10	227951.10	2415	871400
	GOV	90	36670.78	88337.65	200	482295
	GDP	90	2027.69	1944.19	282.92	10020.39
	FDI	90	54174.33	156323.70	103	768000

本章用固定效应模型研究知识溢出对区域创新能力的影响，由于西安吸收的知识溢出为零，情况特殊，所以回归结果分为两次进行。表 6-41 是陕西 10 个地级市的基准回归结果，表 6-42 是去除西安市的基准回归结果。可以发现，西安吸收的知识溢出水平为零较为特殊，明显影响到回归结果，根据表 6-41 的结果，吸收的知识溢出与区域创新能力呈负相关关系，与预期不符。结果分析认为，西安是陕西的省会城市，相对于其他地级市具有很强的经济与科技优势，有优越的人力资源，营商环境较为完善，使得西安成为陕西庞大的知识溢出中心，所以呈现出吸收的知识溢出和区域创新能力不匹配的结果。

表 6-41　基准回归结果（1）

变量	系数	标准误差	t 统计量	p 值
lnSpill	-0.060***	0.019	-3.21	0.002
lnStu	0.107***	0.034	3.11	0.003
lnFDI	0.219***	0.025	8.68	0.000
lnGOV	0.163***	0.033	4.45	0.000
lnGDP	0.355***	0.059	6.03	0.000
常数	-10.098***	0.231	-43.81	0.000

注：***、**、*分别代表 1%、5%、10% 的显著性水平。

表 6-42　基准回归结果（2）

变量	系数	标准误差	t 统计量	p 值
lnSpill	0.067***	0.029	3.02	0.002
lnStu	0.110***	0.049	2.96	0.004

续表

变量	系数	标准误差	t 统计量	p 值
lnFDI	0. 242***	0. 243	9. 99	0. 000
lnGOV	0. 169***	0. 033	6. 45	0. 000
lnGDP	0. 464***	0. 048	9. 63	0. 000
常数	−8. 433***	0. 272	−31. 03	0. 000

注：***、**、*分别代表1%、5%、10%的显著性水平。

剔除了西安的特殊样本，本章将陕西剩余9个地级市重新做基准回归，结果如表6-42所示。根据表6-42回归结果可以得到：模型内所有变量在1%的水平上显著都通过了检验，并且系数全为正，说明各自变量和因变量区域创新能力之间呈正相关关系。从解释变量看，吸收的知识溢出Spill系数为0.067，代表吸收的知识溢出和区域创新能力呈正相关关系，即吸收的知识溢出越多，该区域的区域创新能力越强。总体来看，知识溢出和区域创新能力表现出相同的发展趋势，并且知识溢出对陕西区域创新能力起到了积极的促进作用。

从控制变量看，国内生产总值（GDP）、高等院校在校生人数（Stu）、政府科学技术财政经费支出（GOV）和外商直接投资（FDI）的系数均为正，结果基本符合预期。这意味着一个区域的创新能力必然与当地的GDP息息相关，故模型中GDP系数最高；外商投资也会影响到区域创新活动，外商投资越多，创新活动越强；人力资本在区域创新中也是不可或缺的因素，人力资本强，代表受教育程度等方面较高，高精尖人才必然会推动区域创新活动的发展；同时，区域创新能力的强弱也离不开政府在政策和财政方面的支持，政府支持程度越高，地区在创新方面越有优势，区域创新能力越强。

（三）稳健性检验

为确保模型不存在偏差，考虑到西安吸收的知识溢出为零，咸阳吸收的知识溢出水平过高可能会拉高平均水平，故本章将榆林、宝鸡、渭南、铜川、延安、汉中、安康、商洛作为子样本进行稳健性检验，结果如表6-43所示。知识溢出和区域创新能力之间存在正相关，即吸收的知识溢出越多，该地区的区域创新能力就会越强。同时也可以发现，咸阳市区域创新能力的提升明显受益于西安的知识溢出，故证明知识溢出确实会提升区域创新能力。回归结果基本与预期相符，说明模型较为稳定。

表 6-43 稳健性检验

变量	系数	标准误差	t 统计量	p 值
lnSpill	0.021*	0.025	1.88	0.064
lnStu	0.134***	0.038	3.27	0.000
lnFDI	0.113***	0.023	4.91	0.000
lnGOV	0.180***	0.025	7.21	0.000
lnGDP	0.462***	0.047	10.10	0.000
常数	-8.035***	0.301	-26.72	0.000

注：***、**、*分别代表1%、5%、10%的显著性水平。

（四）异质性分析

本章拟根据知识溢出和区域创新能力两项指标对陕西 10 个地级市进行分组，以进行地区异质性分析。以知识溢出（Spill）作为纵坐标、区域创新能力（S）作为横坐标绘制陕西省地级市散点图，得到图 6-27 和图 6-28。其中，图 6-27 是陕西 10 个地级市知识溢出和区域创新能力的地区分布；为了结果更加清晰，本章将 Spill 和 S 同时取对数做数据处理，而西安情况特殊，吸收的知识溢出为零，无法进行对数处理，故剔除西安进行地区分布分析，采用除西安以外的 9 个地级市作为样本进行知识溢出和区域创新能力的散点图绘制，结果如图 6-28 所示。

由图 6-27 可以看出，西安吸收的知识溢出为零，而西安的区域创新能力在陕西有着绝对优势。西安作为省会城市有较强的区位优势和丰富资源。从科技实力角度看，西安科研院所和大学数量多、科技资源丰富、国家科技资源相对倾斜较大有关；从人力资本的角度看，西安拥有丰富的高质量人力资源和源源不断的人才输入；从经济实力看，西安的生产总值在全国范围内也较为靠前并常年处于陕西第一，相较其他 9 个地级市，经济实力雄厚。基于上述原因，西安区域创新能力远超省内其他地区，故而承担了知识溢出中心的角色，常年处于知识外溢的状态。

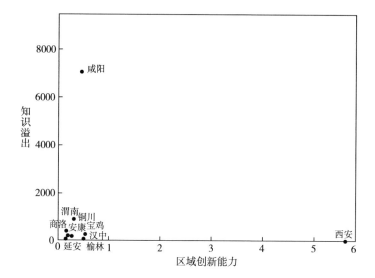

图 6-27　陕西知识溢出和区域创新能力的地区分布

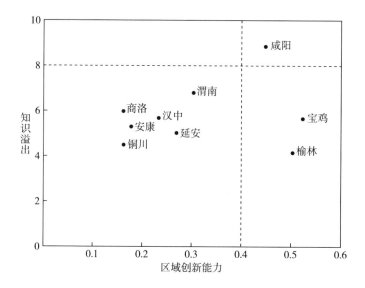

图 6-28　陕西知识溢出和区域创新能力的地区分布（除西安外）

　　根据图 6-28 可知，可以将 9 个地级市分为三组，将知识溢出和区域创新能力都强的地区称为"强—强"地区，如咸阳为"强—强"地区；吸收知识溢出能力弱、区域创新能力强的地区称为"弱—强"地区，如宝鸡和榆林；吸收知识溢出能力和区域创新能力都弱的地区称为"弱—弱"地区，如渭南、商洛、安康、延安、铜川、汉中。

咸阳属于"强—强"地区，说明该地区吸收知识溢出的能力很强，超过了除西安以外的其他8个城市，区域创新能力处于中等偏上的水平。咸阳在地理距离上距西安较近，再加上咸阳自身有一定的高校基础，国内生产总值居于陕西前列，人力资源和经济实力有一定的保障，因此吸收知识溢出的能力较强。同时，咸阳的产业国际竞争力较强，能很好地带动当地区域创新活动的发展，故区域创新能力也排名前列。

宝鸡和榆林属于"弱—强"地区，说明该地区吸收知识溢出的能力较弱但区域创新能力较强。宝鸡和西安接壤，而榆林距西安的地理距离较远，再加上榆林地区科研基础与宝鸡相比较为薄弱，企业数量也比宝鸡少，所以宝鸡吸收知识溢出的能力较强，榆林相对较弱。宝鸡和榆林的区域创新能力比除西安、咸阳外的6个地区都强。宝鸡的企业数较多，并且企业拥有较多的研究开发人员，企业创新能力较强，吸收的知识溢出会提高该市的创新能力，所以呈现出"弱—强"的状态。榆林以煤炭石油等矿产资源的开发为主，经济发展对外依存度不高，导致区域创新能力和吸收知识溢出的能力受到一定影响，并且榆林高校少，科研基础相对较弱，故吸收的知识溢出能力较弱。但也正是由于榆林自然资源丰富，其生产总值在陕西排名靠前，近10年一直仅次于西安，排在全省第2名，而良好的经济基础更有利于推动区域创新能力的提升，故区域创新能力相对较强，总体来说榆林呈"弱—强"的状态。

渭南、商洛、汉中、安康、延安、铜川属于"弱—弱"地区，说明这些地区的吸收知识溢出能力弱并且区域创新能力也弱。延安和铜川与西安不接壤，地理位置与西安较远，较难吸收到西安的知识溢出，再加上本身科研基础较为薄弱，吸收和转化知识溢出的能力弱，故延安和铜川吸收知识溢出水平最低。渭南、商洛、汉中、安康与西安接壤，所以吸收的知识溢出水平相对较高，由于各市科研基础和引入外商投资等方面能力有差距，故吸收知识溢出水平存在差异。延安和铜川相对缺乏研发人员投入，政府对创新环境培育不够，导致创新能力弱。汉中、安康、商洛经济状况在全省处于较为贫困的水平，创新能力也较为落后。汉中相较于安康和商洛稍好，总的排名处于全省中等偏下的水平，而安康和商洛的情况不容乐观，经济落后必定意味着投入创新的经费严重不足，且科研人员和企业的数量少也导致区域创新能力不足。总体来说，渭南、商洛、汉中、安康、延安、铜川呈现"弱—弱"的状态。

本章小结

本章在现有研究的基础上，运用 2012～2020 年陕西 10 个地级市的面板数据，探讨了吸收知识溢出的能力对区域创新能力的影响。首先，对各地级市间的知识溢出进行测度和评价，运用熵权法从知识流动能力、知识创造能力、技术创新环境和经济创新绩效四个方面对陕西 10 个地级市的区域创新能力进行评价；其次，从经济发展水平、政府支持程度、人力资源水平、外商直接投资四个方面选取控制变量，将吸收的知识溢出和区域创新能力分别作为解释变量和被解释变量，采用固定效应模型进行回归分析；最后，绘制陕西 10 个地级市吸收知识溢出和区域创新能力的地区分布散点图，从地区异质性的角度分析知识溢出对区域创新能力的影响。通过实证研究，现得结论如下：

（1）通过对陕西的知识溢出的现状分析和区域创新能力的评价后发现，知识溢出水平和区域创新能力存在显著的地区差异。近九年，各个区域对于知识的吸收能力和区域的创新能力以及知识资本的储备量都呈现出稳步上涨的趋势，但受地理条件和资源状况的制约、经济基础的限制、创新环境的约束，各城市的增长速度表现出不同的水平，区域创新能力、对知识的吸收和转化能力和知识资本的分布存在明显地区差异，关中地区明显优于陕北和陕南地区。西安作为省会城市，在经济水平、人力资本状况、科技投入和知识资本存量等各个方面都在省内遥遥领先，其区域创新能力远超其他 9 个城市，并且由于丰富的资源和庞大的知识存量，成为陕西的知识溢出中心。此外，省内地理位置上越靠近西安的城市其知识吸收能力和区域创新能力越强。

（2）知识溢出吸收能力对区域创新能力有明显促进作用。除西安这个知识溢出中心外，对于陕西其他 9 个城市中，吸收知识溢出的能力越强，则该地区创新能力越强。从地区分布散点图可以发现，在陕西省内，地理距离与西安越近并且自身吸收知识溢出的能力越强的城市，创新能力也越强。

（3）2012～2020 年，陕西区域创新能力两极分化较为严重，关中地区创新水平最高，陕北次之，陕南区域创新能力较低。总的来说，陕北地区、关中地区经济发展基础较好，产业结构比较齐全，技术水平和创新环境比较优越，因而区域创新能力较强。相比之下，陕南地区较为落后。但是，这些地区的发展趋势，后期陕南地区进步较快，与其他地区的差距逐渐减小。根据陕西知识溢出和区域创新能力的散点图，可将陕西分为三组，其中咸阳属于知识溢出和区域创新能力都强的"强—强"地区；宝鸡和榆林属于吸收知识溢出能力弱、区域创新能力强的"弱—强"地区；渭南、商洛、安康、延安、铜川、汉中属于吸收知识溢出能力和区域创新能力都弱的"弱—弱"地区。"强—强"地区如咸阳有着较为丰富的科教资源，创新能力强，并且吸收的知识溢出显著促进了其区域创新能力提升；"弱—强"地区如宝鸡和榆林，有着良好的科研基础或者有足够的资金投入到创新活动中，自身有较强的区域创新资本，故不过多依靠吸收知识溢出就能提高自身的区域创新能力；"弱—弱"地区如安康、延安等，需要从提升自身科研能力和提高吸收知识溢出水平两方面提升区域创新能力。

第七章 产学研协同创新能力提升路径

第一节 企业技术创新能力提升路径

企业技术创新能力是国家技术创新能力的基础。不断增强企业技术创新能力，是实施"十四五"规划的重要战略任务。企业技术创新不仅需要大量的内部资源，更需要吸收、利用外部资源。本节以第三章为基础，结合国内外相关研究，提出以下几方面的建议，以全面增强企业技术创新能力，提高企业核心竞争力。

一、充分搜寻外部资源，获取有用的知识信息

（一）加强外部交流

企业若要提高自身的创新绩效，不仅应重视自己所拥有的知识、信息等资源，而且应通过多种渠道对外部知识进行搜索，获得支持企业发展的外部知识。当然，对外部知识的搜寻的方式是多种多样的，企业可以利用互联网、大数据、云计算等工具，在开放平台上搜寻所需知识。一般对于企业而言，既要坚持自主创新，整合企业内部的创新资源，深挖创新潜力。同时坚持走产学研

协同创新之路，加强与行业内外的交流，善于利用大学、科研机构、供应商等知识，主动与其建立合作关系，从而获取全面的外部知识。

（二）重视协同创新合作

通过自有知识启发的创意存在一定局限性，内部资源无法支撑企业持续发展，因此企业需重视外部合作，加强协同创新能力，发展集群网络关系，与知识源建立紧密联结，在互信协作中灵活运用创新资源，搜寻外部有用知识。尤其对于那些吸收能力比较弱的企业而言，更要依据自身特点，充分发挥优势，积极加强与外界机构的合作，有目的地搜寻、整合不同的知识资源为己所用。

（三）实施差异化的搜寻策略

在实施企业创新战略时，企业应根据网络关系制定差异化的知识搜寻策略。不同的网络关系情境下，外部知识搜寻对技术创新活动的影响是复杂多变的。因此，在考虑技术创新活动的动态发展时，必须全面考量各种因素，并根据实际情况灵活地实施差异化的搜寻策略。同时，及时调整与合作伙伴之间的关系联结强度，以不断优化企业的技术创新效果。只有在充分理解和应对这些复杂问题的基础上，企业才能在技术创新领域中取得持续的竞争优势。

（四）提升内部知识与信息化水平

企业需要建立和完善一套有效的信息收集、传输、处理和反馈机制，以实现知识的及时、准确传递。这样的信息传递机制是知识传递与共享的硬件约束条件，对于企业的技术创新具有重要意义。只有将组织内部个体、团队和组织间的知识有效传递到需要知识的部门和个人，才能更好地支持科技创新的实施，从而使企业的技术创新能够获得规模性效益。只有通过允足的资金支持，才能够保障科技创新的顺利实施，因此企业必须完善资金链，强化自主创新成果的源头供给，高效合理地配置科技创新投入，进而实现科技创新成果。通过合理配置资源和资金，建立系统、完善的科技创新投入机制，提高企业的科技创新能力，有效促进科技创新绩效的提升。

二、深度挖掘内部知识，激发企业内部搜寻活动

（一）加强人才队伍建设

人才是企业技术创新的根本，应加强人才队伍建设。

第一，加大人才引进力度。为了保证企业能够不断地开发出新技术和新产品，企业应从行业内引进一支既有市场眼光，又有技术素养的人才团队，注重对团队的规划，并根据他们各自的特点，制定出不同的发展规划。

第二，培养挖掘内部人才。企业要在内部大力选拔优秀的技术人才，尤其是重点培养青年人才，通过与高校和科研院所的合作，联合开展学历教育和技能培训，既能提升员工学历，又能学习先进技术，从而充分挖掘企业内部的创新资源。

第三，充分调动科技人才的积极性，使其智慧能够最大限度发挥出来，保持科技创新的高效率，从而激励科技人才为企业创造更大的价值。企业应该建立一套科学的激励机制，主要从物质和精神两个方面的激励手段展开，以激发他们的创新潜能和主动性。各个员工有着不同的需求，企业应根据各自特点，制定不同的激励机制，充分调动其从事创新的主动性，进而为企业创造更大的社会效益和经济效益。

（二）加强员工创新思维的培养

企业的技术创新过程源于创意。创意的产生受个体知识技能、思维方式、学习气氛等众多因素的影响。创意的产生离不开组织和个人已有的知识基础，尽管个体学习可以给企业提供某些新颖的想法，但更多的创意源于组织性学习，源于组织中的各成员之间的交流和碰撞。因此，企业应为员工提供更多的学习交流机会，如组织员工参与行业内举办的各类学术会议，并参与大会发言和汇报，加强与学术界的交流，从而紧跟学术前沿。企业内部定期举办学术交流会，鼓励员工畅所欲言，收集各类意见和建议，尤其是一些创新创意的点子。通过此类活动，培养员工的创新思维。

（三）鼓励企业内部知识共享

员工是企业最重要的资源，员工所拥有的知识也构成了企业的知识基。然而，企业还应该拥有自己内在的知识基，这需要企业和员工之间进行知识的流动，把个体的知识分享给企业。因此，企业应制定完善的知识共享机制，比如给予奖励、补贴或者股份等，鼓励员工进行知识共享，既能丰富企业的知识储备，为下一步的技术创新奠定基础，还能调动员工创新的积极性，增加员工的归属感，从而将员工的个人收益与企业的发展紧密地联系在一起，形成利益共同体。

三、优化知识搜寻结构，注重知识搜寻内外结合

（一）构建内外部双重搜寻方式

在日益加剧的市场竞争中，如果仅仅依赖于企业的内部资源，将难以达到企业的发展目标。那么，企业应将内外搜寻两种互补的方式结合起来，使企业的外部创新资源更好地发挥出来，继而弥补内部创新资源的缺失。企业要积极利用产学研合作平台，通过市场等多种手段搜寻外部创新资源，同时还应充分挖掘企业内部的创新资源，激发内部知识搜寻行为。通过两种不同的搜寻方式，可以有效地弥补现有的搜寻中的不足，从而实现提升技术创新能力的目的。

（二）重视企业内外部能力之间的匹配

首先，企业在搜寻外部知识时，要与企业本身的吸收能力相互联系，避免盲目地搜寻知识而无法有效吸收。企业应该深刻认识自身的内部知识吸收能力，避免"费力不讨好"的情况发生。

其次，为了不同部门之间能够进行有效交流，企业需要提升对知识的整合能力，加强企业员工思想的碰撞与知识流动，充分意识到知识管理在企业中的作用，创建并完善知识管理体系，以更好地整合和利用企业内部的知识资源。

最后，由于企业处于开放式创新的时代，故不能"闭门造车"，而应该遵循发展趋势，贯彻落实"创新、协调、绿色、开放、共享"的新发展理念，根据企业内外部能力的差异适时调整企业战略，以达到内外部能力相匹配，进而保持竞争优势。

（三）统筹协调创新资源

在知识搜寻的过程中，企业管理者要理解其与创新活动间的关系，将搜寻深度维持在合理水平，对已掌握的知识资源进行充分的挖掘与利用，避免过度依赖外部知识来源。此外，由于知识搜寻深度与宽度间存在竞争，如若企业侧重于某领域的搜寻宽度，可能会造成其在该领域的精通程度不够。所以，企业

要注意资源的约束和限制，将创新资源、知识搜寻的宽度与深度进行统筹协调，明确企业需求，精准开展搜寻活动，最终达到事半功倍的创新效果。

四、增强企业知识吸收能力，充分发挥正向调节作用

在吸收能力的传递作用下，知识搜寻可通过促进企业知识存量的增加、吸收、利用，以及带来更具有市场竞争优势的创新产品和工艺，从而提升企业的技术创新绩效。高吸收能力对企业的好处是多方面的，它不但能够提升对外部知识的甄别和获取能力，强化搜寻和转化效率，还能够缓和由过度嵌入或过深搜寻导致的资源矛盾和锁定现象。因此，企业应注重提升自身的吸收能力。

（一）加强引进和培养高端创新人才

具有更多知识层次和更多经验的高端技术人员，对于提高企业吸收能力和获取创新绩效具有重要意义。因此，加强高端研发人员的培训与引进，是一项长期而紧迫的任务。要实现这一目标，必须在制度上进行创新，比如，通过各种途径，吸引高质量的国外技术人员回国；为引进的高端人才创造优质的发展空间和环境。同时，加大与国内外科研院所、著名企业的合作力度，提高研发人员的职业素质和技能水平。构建一套涵盖学术价值、经济效果、社会效果于一体的高端人才考核和激励制度，激发其创新动力。

（二）加强内部研发力度

要想提升企业的吸收能力，必须加强企业内部的研发。企业的内部研发是提升吸收能力的根本，也是增加企业内部知识储备的重要手段。因此，企业要想实现自主式创新，必须进行战略性规划，加大研发的投入力度。企业员工是获取、消化、转化和使用外部知识的主体，员工的素质会影响到企业的吸收能力。所以，要想提升企业的吸收能力，必须以员工的知识结构为基础，有目标地进行相关训练，通过调整和完善员工的知识系统，从而提升企业的整体素养。此外，企业应建立起知识分享平台，让员工更易分享自己对于知识运用的感受，通过共享和交流经验，使知识流动更加流畅，从而提升知识储备和吸收能力。

（三）促进潜在和现实吸收能力的共同提升

企业应凭借吸收能力，突破已有知识库的桎梏，创建新的知识库。这样，

潜在吸收与实际吸收将产生互补效应，增加技术创新的可能。潜在与实际吸收能力协同发展所形成的整体能力，可以为企业提供独一无二的价值与效果。可以说，当其他方面的因素比较匮乏时，单一地提高吸收能力中的某一子能力所造成的边际效果很小。潜力和实际的吸收力有很大区别，但两者相辅相成，互相作用、互相强化。协同发展的潜在与实际的吸收能力所带来的好处大于单个的好处。这就要求企业在提升吸收能力时，必须注意到其内在的矛盾与融合。

五、建设良好的营商环境，促进企业协同创新能力发展

科技创新需要体制机制保障。企业若要进行自主创新，需要拥有一种长效机制，以保障自主创新的长期正常运行。建设良好的营商环境不仅能够激发企业的创新活力，还能提供合作机会，降低交易成本，提供支持与资源，增强国际竞争力，从而促进经济的可持续发展，推动企业的协同创新发展。

（一）强化企业自主创新的政策环境

基层政府应贯彻落实国家制定的企业自主创新政策，引导企业将注意力和兴奋点放在不断增强的自主创新能力上。进一步建立更好的环境制度和政策，促进企业对自身技术创新机制的完善，通过建立自主的研发团队和研发平台，进行持续的研发投入，实现企业自身技术创新能力的真正提升。

（二）推动建立市场化的创新研发模式

市场机制在科技资源配置中发挥着根本性作用，可以通过资金、项目、政策等偏向，引导形成以企业为主体、市场为导向、多主体参与、产学研相结合的新型研发方式。企业能够凭借自身的科技研发资源，建立技术研发、工程中心等机构，不断对技术创新加大研发投入，提高自主创新能力。同时，鼓励企业与高等院校和科研院所开展多种形式的产学研合作，通过委托、技术入股、合资合作等方式，满足企业的需求。

（三）推动科技资源共享共建

以利用企业的科技创新能力为目标，服务于区域经济社会发展，使得各种软硬件资源的效用发挥至最大，如充分利用区域科技机构和人才等资源，将其所产生的经济及社会效益投入到区域的经济建设和发展中。为了进一步深化科

技体制改革，将科技资源蕴含的潜能激发出来，需要调整工作重心，不断培育、凝聚科技资源，同时，灵活使用科技资源，推动区域企业、科研机构和高校之间建立紧密合作的创新网络，实现资源共享和共建，进而形成以企业为核心、各方机构共同推进的产学研联合新模式，促进科技创新和区域经济发展。

（四）加强宣传与推广

企业在深化自主创新的过程中会不断涌现多种新方法、新实践、新模式实例，这对企业的观察总结能力、宣传能力提出一定要求，深入总结企业在自主创新中产生的新内容，应通过多种形式大力实施经验推广和宣传，逐渐形成"可学、可做、可实现"的良好工作环境，鼓励越来越多的企业以技术创新为途径，提升企业自身的核心竞争力，促进企业增强自主创新能力的建设。

（五）鼓励企业开展联合创新

鼓励由创新型企业带头组建创新联合体，以促进产学研协同创新。通过聚集企业内部各类创新要素，推动大中小企业之间的协同程度，促进和发展创新型企业集群。同时，增强龙头企业创新资源整合能力，在知识产权、技术标准、供应链安全等方面主动作为，为创新联合体提供支持。为了推进产学研用一体化，由创新型龙头企业牵头、高校资源支持、各种创新主体共同支撑的创新联合体应尽快创建，从而对各企业的共性核心技术联合攻关，并加强全球高级人力资源培养、知识交流、投融资等各层级多方位合作，进而各企业的科技成果转化实效得到提升。

第二节　产业技术创新战略联盟的协同创新能力提升路径

切实开展创新发展战略是实现经济高质量发展的重要途径之一。在这一背景下，产业技术创新战略联盟作为一种重要的产学研用协同模式，具有汇聚各种创新资源、实现重点技术攻关、提高产业核心竞争力的潜力。然而，各种内外部因素会影响知识在产业技术创新战略联盟内部的转移。为了保障知识转移的效果，应该发挥积极因素的促进作用，同时抑制消极因素的阻碍作用，以达到产业技术创新战略联盟正常、稳定、高效运行，从而实现联盟组建的目标。本节以前文为基础，结合国内外相关研究，提出以下建议，以全面增强产业技术创新战略联盟的创新能力。

一、增强知识转移与吸收，提升产业联盟创新能力

（一）增强知识转移能力，完善产业联盟创新驱动发展机制

产业技术创新战略联盟的知识转移能力的程度，由知识转移输出方的知识生产和创新能力所主导。要提高企业技术创新联盟中的知识传递能力，必须采取一系列的政策鼓励技术输出，从而提高企业的技术创新水平。积累并储存更多的知识及技能，不断保持知识差距，以便进行知识转移。由此，推动新技术、新工艺、新产品或新服务项目的研发，提高企业的市场竞争力和利润水平，从而完善产业技术创新战略联盟的发展机制。

（二）加强知识吸收能力，发挥产业联盟内的知识共享

知识接收方需要具备学习理解能力、消化吸收能力和创新应用能力，这些能力的强弱直接影响着知识在产业技术创新战略联盟内部的转移效果。故知识接收方需要明确自身与转移方在知识储备和结构上的差异，并且将接收的知识化为己用，完善自身的知识体系，与知识转移方达到一定的契合度。联盟成员在日常运营中，要提升自身的知识学习能力，不仅要挖掘好自身的知识，还要积极向其他成员吸收新知识。因联盟成员具有共同的知识结构和基础，存在知识势差，双方合作创新的动力较大。提升对外部知识的洞察力，成员应从多个途径搜寻外部知识，通过战略联盟这个平台，准确识别自身的知识需求和其他成员的知识价值，实现知识共享和技术创新。

（三）缩小信息不对称，推动产业联盟成员间的合作

产业技术创新战略联盟由各类不同的成员构成，这些成员的知识基础、技术水平、文化氛围以及行为方式都存在着一定的差别，参加联盟的目标也各自迥异。彼此之间存在着一定的信息不对称，各自追求自己的利益最大化。因

此，在合作过程中往往会产生一些冲突，进而影响到知识转移和吸收。所以，联盟成员在选择创新合作伙伴时，应考虑双方知识的互补性，选择具有一定知识距离的成员，掌握双方的知识结构、技术现状等，从而形成优势互补。同时，应选择文化观念、价值观、创新思维差异较小的成员，高校和科研院所应多关注技术创新的市场价值，而企业应侧重提高自身的创新能力。

二、加强产业联盟知识共享，营造互动共创氛围

（一）营造知识共享氛围

知识的共享需要适宜的环境，联盟对知识共享活动持鼓励和积极的态度会显著促进主体开展知识共享活动的积极性。

首先，联盟成员应通过契约制定合理的利益分享机制，完善知识产权保护机制，为知识共享提供有效的激励手段，明确奖惩制度，减少利益纠纷和摩擦；改变以项目为导向的短期合作模式，建立起长期稳定的合作关系，使得成员在合作过程中缩小关系距离，形成较强的信任关系。

其次，在联盟中，应该经常性地举行一些知识交换与分享活动，通过组织成员之间的交流与互动，促进知识共享与转移。

（二）健全主体互动机制

知识作为一种特殊的资源，不能够直接用于指导实践，需要主体在已有知识的基础上理解、消化、吸收，并在实践中逐步运用，这与客观现实相符。一个组织在获得了新的知识后，一般无法迅速改变知识结构，需要在实际操作中逐渐对知识产生明悟，这个过程改变了原有的认知体系或者填补了原有的知识缺口，进而在实际操作中产生新的体会，在技术创新活动中往往是项目的迅速推进或技术难点的全面突破，这种以点带面的效果是主体在充分吸收了隐性知识后所带来的。

对于联盟来说，主体是否有效地互动、有效地开展共享活动十分重要。故要积极开展联盟知识共享活动，如在达成共享后的学术论坛、专题报告、项目汇报等，从而促进主体间共享活动的开展。对于主体来说，要改变以项目为导向的短期合作模式，关键要积极与共享方进行沟通互动，弥补知识差距，培养

知识共享的深入程度，本着知识互补的原则，为知识共享的推动提供基础。

（三）建立知识共享的渠道

良好的知识分享渠道会促进组织内的知识流动和增值。但在实施知识分享过程中，最困难的环节是如何构建知识分享的机制与渠道。在工作中，大家都把自己的人脉网络、积累的数据、经历看作自己的一分子，而不愿与别人分享。因此，企业应建立知识资源共享渠道，并提供技术支援，如为员工提供工作午餐、团建、联谊活动等。

（四）健全成果导向机制

对于联盟来说，知识共享的效果直接代表了联盟的水平，故要为知识共享的效果进行有效的督促，继续完善成果导向机制。如建立联盟共享绩效考核机制、师徒传帮带机制等，为主体创新知识抹平障碍，通过内外合力促进主体将知识运用在实践中，最终实现知识的创新、技术的进步。同时，在共享活动中，双方不免会接触到对方的核心知识，这需要主体对知识进行保护，也就是签订契约，界定知识共享的边界。

三、增强政府引导作用，促进产业联盟知识转移

产业技术创新战略联盟的组建需要政府的引导和支持，联盟成员间的知识转移也需要政府引导和支持。政府应制定相关政策，通过减免税收、财政支持、项目经费支持等搭建区域性的战略联盟知识共享平台，促进知识溢出，尤其是利用互联网信息技术，在区域内构建信息数据库，促进加强彼此的了解并提高信任程度，促进建立合理的利益分配机制，从而更有效地推进产业技术创新战略联盟的知识转移。

（一）制定相关财税激励政策

很多企业加入联盟大多是由于自身科学技术水平有所欠缺，希望在组织中得到帮助。究其原因是想获得技术和资金支持。为了促进产业技术创新战略联盟的顺利运转，政府应建立长效机制，确保科技投资稳步增长，提供金融和财政激励，指导联盟成员合理分配资源，鼓励联盟成员共同研究开发共性技术，积极进行成果转化，为联盟成员共享知识成果提供良好的财税环境。政府应加

大资金扶持力度，利用财务监督实现成员之间的利益分配，从而促进知识转化和自主创新能力。

（二）健全产权保护制度

如何有效地解决产业技术创新战略联盟中的利益分配问题，是联盟能否正常运营的关键。政府应该制定出一套合理的产权保护制度，尤其要对隐性知识的知识产权进行明确的界定与保护，以此调动各个创新主体的积极性，促进知识的生产和转移。此外，产业技术创新战略联盟内部也可通过合同的形式，明确各个成员间的产权责权，确定产权归属和利益分成，从而保护联盟成员的合法权益。在此基础上，建立信用风险管理制度，增强联盟运营的稳定性，从而实现长久协作。

（三）明确利益分配政策

合理的利益分配机制是产业技术创新战略联盟进行知识共享和转移的原动力。因此，政府应牵头各成员单位，制定相关的利益分配政策，要求各成员共同投入、利益共享、风险共担，进而保护各方的合法权益。

四、优化外部市场环境，推动产业联盟创新资源共享

（一）加强市场监督

市场机制是保障产业技术创新战略联盟正常运转的重要手段，可以引导联盟开展合理的知识生产、共享和转移。因此，为了促进产业联盟的构建、实现联盟的健康发展，要充分发挥市场机制的作用，调动产学研各方的积极性。在市场比较稳定的背景下，企业的经营策略可以保持比较稳定，其侧重点是增加市场份额。但现实情况是，市场变化很快，顾客对商品的要求越来越高。因此，企业必须以现实需求为基础，对其今后的发展策略进行相应调整，才能在新的环境中推出新产品，这必须持续地学习新的知识、开发新的技术，市场需求会转变为企业对知识的强烈渴望，并寻求技术创新。政府应加强对相关市场行为的监管，使市场在资源配置中发挥关键作用，从而激发创新主体进行知识生产和转移的积极性。总而言之，应加强市场监管，保障产业联盟知识转移效益。

（二）准确把握客户需求

从需求角度看，市场因素是推动联盟内知识转移的动力。在快速变化的市场环境中，客户需求瞬息万变。因此，企业需要对顾客需求进行精确掌握，及时调整自己未来的发展策略，要想将新的产品或服务推向适合的市场，必须持续地学习新知识、开发新技术。所以，要对顾客的需求进行精确掌握，对市场趋势进行清晰认识，以及对联盟的发展方向有一个清晰目标，只有这样，联盟才能继续壮大。

（三）营造良好的人文环境

产业技术创新战略联盟的发展与人文环境密不可分。随着现代技术的不断进步，企业间的竞争更多地体现为技术人才之争，企业必须建立优越的人文环境以吸引人才。如何转变人事管理方式，提高企业在市场上的竞争力，是企业进行人才培育与引进的首要问题。企业技术创新联盟中的知识传递，必须有一个优良的人才生态环境作为支持。要想在行业技术创新联盟中推进知识转移，不仅要构建知识转移平台，还要营造出更好的知识转移氛围，让各个成员之间进行更多的沟通与合作。

第三节　高校协同创新能力提升路径

人才是国家发展、民族振兴的重要资源。高水平研究型大学培育了国家最先进的研究型人才，掌握着核心的"卡脖子"技术，所以在技术创新方面，这些大学肩负着重要责任。为了实现成为人才高地和创新高地的目标，高校要将科技、人才、创新进行相互融合，积极发展科技第一生产力，加大培养人才第一资源力度，增强创新第一动力。同时，高校拥有极为重要的优势，即人才资源和科学技术的重要结合枢纽，更应该承担寻求技术突破、拓宽研究领域、提升科技创新能力及发展社会经济的重要使命。因此，本章在综合前文的探讨和分析的基础上，提出制定促进高校协同创新能力的政策建议，从而推动高校的创新能力，不断提高科技发展水平，旨在为政府决策和布局提供参考。

一、健全科学研究机制，提升高校知识生产能力

为了促进高校创新水平的提升，需制定以知识生产能力为核心的科学发展战略，强化产学研协同创新的顶层设计。研究表明，在产学研协同创新过程中，高校的知识生产能力是影响创新绩效的主要因素，其知识生产能力对产学研协同创新的活跃程度产生着直接影响。这取决于高校的根本战略目标，也决定了其竞争力的强弱，支撑着高校对人才的培养及技术的创新。一旦高校在科学研究过程中缺乏基础竞争力，则会面临严峻的考验，得不到有效资源，就不能够实施人才培养计划，进而无法为区域与产业的技术创新提供实质性帮助。归根结底，要想推动产学研协同创新的进一步发展，要侧重强化高校的战略目标，即牢牢抓住以知识生产能力为核心的创新能力建设。同时，对高校自身的创新资源进行科学整合与重组，使其效用最大限度地发挥出来。尤其是制定研究型大学的发展战略时，要具备前瞻性，需要以该高校的原始创新能力为基础，在科学探索的前提下，着重注意产学研协同创新的顶层设计。主要从三个方面进行：

（一）加强产学研创新资源整合

要完善陕西高校协同创新的资源共享机制，加强高校与企业、科研机构、政府等创新主体之间的资源整合与互动，包括建设面向科技前沿、行业产业、区域发展和文化传承创新的资源共享平台。同时，要充分利用网络和现代通信技术，实现科技资源和科技基础设施的高效融合。我们应该建设一个全面的资源共享平台，在高校、研究机构和企业间搭建一个连接和交流的桥梁，提高信息资源的共享程度，从而增强整个协同创新平台的运行效率。具体的资源共享平台建设包括科技咨询服务平台，如科技文献共享平台、科学数据共享平台、仪器设施共享平台等。通过这些平台的建设和不断完善，提高科技资源的利用率，推动创新能力和发展水平的不断提高。

（二）构建高校协同创新长效机制

坚持以分类和重点支持为目标的资源分配方式，应针对不同的协同创新组

织模式，制定差异化的政策，从而建立起长效机制。

首先，针对面向产业的协同创新，应构建以产业资金为主、政府补贴为辅的合作模式。在这一过程中，国家的财政资金在很大程度上起到"杠杆"的功能，有限的财政资金可以对多个行业进行投资，从而营造出有利于各种创新资源聚集的环境。

其次，对于面向技术前沿的协同创新，应以政府资金为主、产业资金为辅的合作模式。由于重大科技创新周期性长、不确定性高，必须以国家资金为主，再辅以产业资金，从而构建计划与市场相结合的模式。

（三）构建多元化人才队伍结构

进一步完善现有的人才聘用与激励机制，构建多元化的人才队伍结构。

首先，需要调整高校科研人才的聘用制度，鼓励多方式聘用人才，如双聘制度、按需设岗制度、跨单位聘用人才制度等。另外，可以借鉴发达国家对人才的吸收制度，组建不同学科领域的综合性高级人才科学研究团队，加强团队的知识生产能力。此外，鼓励行业领域的技术研究者与大学的科研工作者建立知识创新联盟，从而提高大学解决实际问题的能力。

其次，在人才流动机制改革上，要充分保障自由开放的人才流动机制，以"国际化、社会化、竞争性、高效率"为基本原则，增强对国内外优秀人才的吸引力和凝聚力，特别是在全球范围内吸引优秀人才加盟。当然，需要对已吸收的人员进行综合性审核，建立人才评审制度，以加强人才队伍的可流动性，完善人员的动态管理。

二、加强人才培养力度，提升高校知识传播能力

（一）加强课程体系建设

要提高大学的知识编码化水平，则必须把科研成果转变为教学课程，通过新的教学课程推进高等教育的变革，特别是对科研成果所包含的实践知识应用于课程教学，非常有助于锻炼学生的科研能力、创新能力等。通过产学研结合，让学生有更多的实践型课程体验机会。培养实践型创新复合人才，以实现人才战略，对技术创新发挥着积极作用，支撑着科研技术的真正创新。

知识的力量：产学研协同创新能力提升

（二）健全创新人才选拔和培养机制

深入推进科教融合的创新人才培育体系，以高层次科研为基础，以高水平的科研项目为保障，以高素质的人才培育为核心。

首先，在招生制度方面，应进一步健全人才遴选机制，发掘出具有创造性的优秀人才。对于硕士研究生招生，应实行多次选拔、动态管理，加强自主招生，突破传统的考试方式，对学生的学科背景和科研能力等展开全面的评价。对于博士研究生招生，要以协同创新项目为依托，招生名额重点向此类科研团队倾斜。

其次，在人才的培育上，要以重点工程研发为基础，大力推进科教融合的人才培养体制创新。以创新创业为目标，构建多专业、多层次的综合素质教育体系。强化不同专业背景同学之间的相互学习、互认学分、互修学位，达到资源共享。

（三）深化高校科研成果转化改革

为了调动科研人员的积极性，让其以专利技术出资的方式参加成果转化。各级政府和高校要在政策和法规上扫除障碍，确保技术发明人的合理收益。在实际操作时，高校、政府和企业可以通过邀请财务专家讨论股份的分配问题，从而找到一种有利于各方的分配方案。对于已经拥有一定专利储备的高校，下一步的工作重心是加快成果的转化。对于已有成果转化经验的高校，应成立专门的技术转化部门，负责合同制定、商务谈判、科技成果转化评价等，使技术发明人可专心于科学研究。

（四）促进高校专利转化

在当前我国高校中，对专利申请的资助、职务晋升激励、物质奖励等政策都并未显著促进专利的转化，反而产生了大量的"僵尸"专利。为此，大学应对被资助的专利设定界限，要对其进行严格审核，可以采取"先授权，再补助"的办法，对被资助的专利实行后补助，从而有效地避免一批"注水专利"。在对技术人员的评价上，要注重专利的"质"，而不是"量"，重点奖励PCT专利、行业标准、国家级科技大奖等。

三、促进校企知识转移，保障产学研沟通合作

（一）加强协同创新评价体系建设

首先，以贡献为导向，建立综合评价机制。针对产业领域的协同创新，应构建基于技术成果转化与应用的评估指标，以体现公平与激励竞争相结合的技术成果评估机制。

其次，针对以面向科技前沿的协同创新，应从单纯的论文数量转变为对成果的质量评判，构建基于学术影响力的评估体系。

最后，在具体的评价工作中，要按照人才的成长规律，逐步建立起一套科学的、以创造性成果为核心的评价体系。此外，应对职务发明奖励制度进行完善，对发明人的个人贡献与技术贡献进行科学评价，设定有利于其权益的奖励比例。

（二）促进科技中介服务机构发展

充分发挥科技中介服务机构在协同创新过程中的作用，构建以产业链、价值链和知识链为基础的协同创新网络，形成高校与产业部门间长期稳定的协作关系，减少由于组织距离而导致的产学研合作不畅。要充分发挥创新网络的技术聚集优势，从而促进高校知识溢出和企业技术创新。此外，科技中介服务机构可以不断创新服务模式，提供个性化、量身定制的科技咨询、技术转移、知识产权管理等服务。通过精准匹配需求，提高科技成果转化率，推动技术向市场转化；可以在产业技术创新中起到资源整合和共享的作用，将科研院所的前沿科技成果、企业的市场需求以及投资者的资金资源连接在一起，形成产学研合作的良性循环；可以积极推动产学研合作，帮助企业与科研机构建立紧密的合作关系。通过联合研发、技术转让等方式，加速科技成果的转化和应用，推动技术的不断迭代和优化。

（三）完善知识保护机制

企业联盟内的知识共享也是一把"双刃剑"，一方面能够促进高校协同创新发展，另一方面如果企业对知识缺乏严谨的保护机制，有可能会使企业面临严峻的形势。所以不能在联盟内部盲目共享知识，而应该趋利避害，协调好知

识保护与共享机制之间的关系。在市场经济中，企业可通过运用法律手段、做好保密措施和持续创新等策略保护企业的知识资产。

加强以信任为中心的知识转移体制建设，一方面，要用一种行之有效的法律保护，来强化合作双方之间的密切依存关系，让它成为一种促进协同创新能力提升的动态机制；另一方面，要保证大学和企业在合作中可以公正地对待对方，并能妥善地处理好相互之间的矛盾和冲突，通过构建共同的利益体，促进大学与企业间建立信赖关系。

为了降低产学研合作的协调沟通成本，需要通过不同的途径提高校企之间的透明程度，倾向于关注相关企业信任关系是否得到改善。

四、推动知识三角动态演化，提升高校协同创新能力

（一）建立协同创新动力机制

对于高校的科研系统来说，协同创新投入机制会对它的内部能力产生显著影响。在协同创新过程中，应不断改进财政投入机制以推动高校内部创新能力的提升，包括基础科研经费、教育经费和产业研究与试验发展经费，以满足高校的知识生产、传播和转移能力的发展需求。

首先，在基础研究经费的投入机制方面，政府应明确对各个高校的财政投入的总量和比例，加大经费投入强度，并积极寻求创建多渠道的经费来源，尤其是来自企业的资金支持。

其次，与西方发达国家相比，我国高校面临着培养人才的经费来源单一、培养经费的层次没有明确细分、数额普遍偏低等问题。因此，迫切需要制定高校教育经费的投入机制并不断地进行完善。包括且不限于拓宽教学经费渠道、制定高校内部不同人才的培养要求、提高研究生人才培养的资助比例等，以提升高校人才培养的质量和水平。

最后，在产业研究与试验发展经费方面，我们可以学习美国工//UCRC 模式，即政府付出一定规模的"种子资金"，通过杠杆作用增加高校研究资本。此外，需要完善"以产业资助为主，财政资助为辅"的投入机制，促进高校与产业界的合作，推动产学研结合，加强产业研究与试验发展的能力。

（二）加强对高校内部能力协同关系监控

为了有效提升协同创新绩效，必须监控和预测高校内部能力协同关系。

首先，针对知识生产与传播能力间的协同关系，需要采取各种方式维护二者的协同发展。无论处于哪一时代，高校都是我国基础研究的重要基地，这里培育了一批又一批的创新型人才，其作用举足轻重。为此，需要强化基础研究人员教学队伍的质量，有利于提升科研成果的高质量转化。同时，要加快知识、技术的集成与转化，以学科交叉融合为基础，从而提升知识传播能力。

其次，从人才培养模式的角度出发，聚焦知识转移与传播能力之间的协同关系，针对产业人才的需求强度及类型，推动产学联合培养项目，如资助研究生、培训企业专项技术人员、开发实践型课程体系等。这样一来，更多的产业部门会选择投入人才培养经费。另外，在培养人才的过程中应重视实践性，才能真正实现人才战略对技术创新的支撑作用。

最后，科学合理规划高校内部的两种科研组织形式，更好地促进知识的生产、传播和转移，推动高校的创新能力和社会服务能力的提升。

（三）制定以知识生产能力为核心的高校创新能力提升战略

为了推动协同创新，需要以知识生产能力为核心，从战略高度加强高校的创新能力建设，这需要加快整合和重组高校创新资源。在制定高校的发展战略时，应注重协同创新的顶层设计。

首先，要注重建设跨学科的研究机构，以加快各个学科之间的融合，提升高校基础研究能力、科技创新能力等，通过优化研究机构的设置和组织结构，激发学术创新的活力。

其次，还需要加强组织资源配置的顶层设计，重点为科研经费的投入机制。要明确对各个高校的财政投入的总量和比例，合理地增加经费投入，整合并充分利用校内外各种资源，让高校在进行科学研究时不必担心资源不足等问题，达到科技资源优化配置的目标。

最后，应加强以优秀科研成果为导向的激励机制的顶层设计，通过建立合理的激励机制，引导他们实现更多显示高校科技创新能力的突破性成果，推动协同创新的快速发展。通过以上顶层设计的强化，高校的创新能力会有所提升，也为加强协同创新提供了重要的推动力，进一步提高了我国在创新领域的竞争力。

第四节　产学研区域协同创新能力提升路径

一、充分发挥区域间知识溢出作用，缩小区域创新能力差异

陕西省内经济实力、科技水平、人力资本等资源的分布不均，区域间知识流动能力较弱，呈现出关中地区区域创新能力整体优于陕南、陕北地区的状态。因此，我们不但要加强各区域的自主创新能力，也要将发展视野放在由知识溢出所带来的积极效应上，在不同地级市间降低知识溢出的障碍。这意味着我们需要加强各地区之间的交流与合作，促进知识的共享与传播，以便更好地实现区域的协同创新。西安作为省会城市，有着丰富的资源和庞大的知识存量，对其他地级市来说处于知识溢出中心的位置，通过进行知识溢出促进与其他地级市之间的学习交流，进一步推动陕西省创新一体化的实现。西安通过知识溢出带动整个关中地区的创新发展，渭南、宝鸡等城市凭借其良好的地理位置，在陕西的发展中始终处于领先地位。而陕北地区地处黄土高原、陕南地区北靠秦岭，在引进高精尖人才、更新科研设备、吸引外商投资等方面有困难，整体经济相对落后，吸收知识溢出能力和区域创新能力弱。

从陕西省整体层面看，政府应该加大区域间的技术合作、人才交流与经济往来，重视区域间的知识溢出对区域创新能力的推动作用，有意识地调整知识溢出的流动方向，缩小陕北、陕南地区与关中地区的知识存量差距与区域创新能力的差距，提升知识溢出从知识资本发达地区到落后地区的流动效率。同时，要鼓励各地区之间建立创新合作机制，加强区域间进行知识溢出，重视区域间知识溢出发挥的作用，充分发挥西安等地区的带头作用，利用自身的优势加强对其他地区的辐射力度，合理规划区域分工合作，促进区域间的协同发展，推动陕西省区域间的创新一体化。

二、破解知识溢出障碍，推动区域间知识吸收转化

破除知识溢出障碍是促进科技创新和知识传播的关键一步。

首先，要破除知识溢出的动机障碍。区域间随时都会发生知识溢出现象，但成功的知识溢出需要具备一些条件。需要从知识的供给者和接收者两个维度探寻破解知识溢出障碍的途径，提高知识溢出效率。

其次，要破解知识溢出吸收能力障碍。知识溢出存在溢出者和接收者两个主角，在溢出者发出知识溢出的前提下，由于人类学习及应用知识的能力有限，可能在一定程度上会有认知障碍，所以，需要重视接收者对知识的吸收能力。对于陕西而言，需要从以下两个方面破解知识吸收能力的障碍：

第一，从陕西内部看，除西安作为知识溢出中心，剩余9个地级市在吸收知识溢出和区域创新能力方面呈现出三种态势。咸阳处于"强—强"的发展态势，榆林和宝鸡处于"弱—强"的态势，而渭南、商洛、汉中、安康、延安、铜川处于"弱—弱"的态势。处于"强—强"发展态势的地区，自身知识存量足够多，更有能力吸收和转化其他地区的知识溢出，进一步促进区域创新活动的发展。呈"弱—强"状态的地区创新能力较强是因为其可以依靠本地区的知识存量水平推动创新活动的发展和经济增长，依靠吸收和转化知识溢出存量较少。所以，相较于西安的知识溢出，"强—强"地区和"弱—强"地区可以充分发挥本地区的知识存量优势促进区域创新能力的提升，知识存量越高，吸收和转化知识的能力越强，区域创新能力越强。

第二，由于陕西省内各地区发展差异较大，因此需要针对不同态势的地区提出合理化建议。对于"强—强"和"弱—强"地区来说，需要保持自身优势，同时加强各地区之间的交流合作，提升自身的创新水平。对于"弱—弱"地区，政府应该适当增加对科研的投入，制定合理的区域发展战略，重视知识溢出作用，增加与发达地区的合作交流。从整体层面看，政府需要构建跨地区的合作平台，降低地区间合作发展的区域壁垒，缩小地区间的差异，促进知识溢出的吸收转化。所以，无论是落后地区还是发达地区，都要根据地区所处位置和优势实现因地制宜，提高自身知识存量水平，优先释放本地区的技术创新

能力和知识存量水平的潜力，将其转化为驱动区域创新的新动力。

三、引导区域间人才流动，提高区域创新驱动力

人才流动会带来知识溢出的流动，同时推动创新活动的发展。知识是目前知识经济时代最重要的生产要素，而人才在区域间流动所产生的动态变化，必然会推动区域间进行技术学习和信息交流，促进创新活动的产生，提升各地区的区域创新能力。所以，政府要重视对科研人才的培育，建立和完善人才的流动机制，促进区域间人才流动，增添区域创新的驱动力。

首先，在高校层面，应该重视对创新型人才的培养，重视创新教育并将其视为一门必修课，加强产学研结合，引导相关企业与高校加强交流合作，为培养的人才提供能够实现理论与实践相结合的学习途径，共建高水平人才培养基地。同时，注重培育学生的主观能动性，培养学生的科研兴趣，良好的教育环境可以帮助各地区有效地进行知识更迭；在政府层面，陕西应充分发挥自身人才吸引力的优势，增加"弱—弱"地区的政策福利，引导优秀人才向发展缓慢的地区流入，缩小各地区间的差距。

其次，人才可以在企业、高校和科研院所间流动，也可以在发达地区与欠发达地区流动，有技术合作、兼职、咨询等多种流动方式。从现实的人才流动现象看，尽管欠发达地区通过各种手段阻止人才的流出，但成效甚微。因此，一个地区要以正面、积极的心态对待人才流动，要为流入人才创造更好的工作条件和环境，充分发挥他们的聪明才智。对外流的高素质人才，应以诚挚和友善的态度积极保持联系，努力争取人才的回流。

最后，实现地区之间的人才共享是推进区域协同创新的重要手段。因此，政府应进一步加大政策引导力度，共同推动各地区间的知识人才的协作分享。主要包括以下几个方面：①项目共享型，即在公关某个重大科研项目时，各个地区的研究机构和企业可以抽调相关专业人才，组建临时课题组，待项目完工后，再返回原来的工作岗位。②跨地区和跨机构的兼职共享。允许大学教师、研究机构人员和企业的高级专家在其他机构兼职，定期开展跨地区、跨单位的工作，共同完成高、精、尖的技术攻关任务。③技术服务型。主要通过技术咨

询、顾问等形式，不定期地为其他机构提供技术服务，及时解决一些疑难杂症。

四、完善区域制度环境，提高区域协同创新效率

由于知识创新活动存在外部性，部分企业不愿承担较高的风险而进行创新，更希望通过模仿和学习等方式分享别人的成果。为此，应健全知识产权制度，增强法律执行力度，强化法律对知识产权的保障等。加强知识产权保护是鼓励创新和吸引外资的一个重要手段。但是，加强知识产权保护可能会抑制技术扩散，不利于创新。为此，各地区应根据各自的经济发展状况及行业特点，综合考虑知识产权保护和知识扩散的需求，合理确定知识产权保护程度，在激励创新和降低溢出成本方面维持合理的平衡。

健全的信用制度可以有效地减少企业寻找合作伙伴的成本，为企业间的协作奠定基础。总体而言，中国中西部地区的信用环境相对薄弱，缺乏信用风险共担。同时，其所处的信息相对零散而闭塞，极大地制约着其技术创新的外溢与吸收。构建信用机制，提高诚信水平，有利于提高技术外溢水平，降低交易费用。要在地区内部构建健全的信用制度，并加大对这一制度的执行力度，要对那些违背信用制度的组织或个人进行惩戒，提高违约成本。另外，加强各地区法律法规的衔接，以构建各地区间的信用信息共享平台，建立跨地区联合防治体系。

五、构建知识溢出补偿机制，提升区域协同创新可持续发展

知识溢出是一种非常重要的现象，它能够对整个社会的知识存量和技术水平起到显著的提升作用，从而使得全社会的福利水平得以提高。然而，由于知识溢出存在明显特征，即空间外部性，它主要表现为知识外溢区域创新活动的成本和收益不对称，这使得他们往往会减少导致净知识溢出的创新活动，导致整个社会的知识创新效率降低。因此，为了弥补知识外溢区域的创新活动，可以构建具有实际操作性的知识溢出补偿机制，从而维持其持续创新的积极性。只有这样，才能够有效地推动整个社会的知识创新进程，实现协同创新能力可持续发展。构建跨区域知识溢出补偿机制的关键是在对知识溢出进行科学度量的基础上确定补偿标准和补偿方式。

第八章　研究结论及展望

本书基于协同创新理论、知识管理理论、技术扩散理论，结合经典计量经济学方法模型、空间计量模型和问卷调查法，研究了知识搜寻、知识共享、知识三角和知识溢出等知识力量对企业技术创新能力、产业技术创新战略联盟协同创新能力、高校协同创新能力以及区域协同创新能力的影响因素、机制和作用，并以此为基础提出了促进各创新主体的创新能力及产学研区域协同创新能力的提升路径。本章对全书主要研究结果进行归纳，同时指出本书中存在的不足，提出对未来工作的展望。

第一节　主要研究结论

本书的主要研究内容是探索知识视角下产学研协同创新能力的提升，主要解释了四个基本问题：①如何基于知识搜寻、知识吸收能力提升企业技术创新能力；②如何基于知识共享提升产业技术创新战略联盟的协同创新能力；③如何基于知识三角提升高校协同创新能力；④如何基于知识溢出提升陕西区域创新能力。在吸收和借鉴前人研究成果的基础上，本书结合上述四个问题提出了如何运用知识的力量来提升各创新主体及区域协同创新能力，为推动产学研深度融合、实现区域协调发展注入动力。主要结论有：

（1）外部知识搜寻的两个维度，即外部知识搜寻宽度和外部知识搜寻深度分别对企业技术创新能力和吸收能力产生正向影响。外部知识搜寻范围扩大和程度加深，能提升企业知识储备，优化知识结构，帮助企业进行内部知识整合，提升企业的技术创新能力，同时能促进显性知识的传播，加快隐性知识的转化，提升企业吸收知识的能力，保证知识吸收的可靠性。内部知识搜寻的两个维度，即内部 R&D 活动和知识搜寻分别对企业技术创新能力和吸收能力产生正向影响。通过内部 R&D 活动和知识搜寻，可提高企业的知识流，帮助企业进行内部知识整合，便于员工传播和共享显性知识，从而有利于企业技术创新。企业内部新知识的增加，将引导企业知识吸收，促进企业获取、共享和利用知识，从而提高企业吸收能力。

（2）知识吸收能力对企业技术创新能力产生正向影响。这一结论表明，要提高企业技术创新能力，必须增强企业的知识吸收能力。吸收能力在知识搜寻与企业技术创新关系中存在中介作用，表明了企业提高吸收能力的重要性。同时，表明在吸收能力的传递作用下，知识搜寻能通过促进企业知识存量的增加、吸收、利用，以及带来更具有市场竞争优势的创新产品和工艺，从而提升企业的技术创新能力。

（3）基于知识共享视角得出以下结论：第一，知识共享意愿对知识共享识别阶段具有显著的正向影响，而知识隐性特征对知识共享识别阶段具有显著的负向影响；主体异质性对知识共享实施阶段具有显著的负向影响，知识共享环境、信息技术对知识共享实施阶段具有显著的正向影响；知识吸收能力对知识共享整合阶段具有显著的正向影响。第二，基于过程视角，知识共享过程可区分为知识共享识别阶段、知识共享实施阶段和知识共享整合阶段，知识共享的过程正向作用于知识共享效果。这三个阶段效率的提升会降低联盟成员的共享成本，增强吸收彼此知识的能力，提高员工的工作效率，丰富组织的知识储备，从而圆满实现战略联盟的预期目标，达到良好的知识共享效果。第三，知识共享过程在影响因素与知识共享效果关系中存在中介作用。

（4）在协同创新过程中，高校科研系统的三个能力构成要素分别如下：知识生产能力包括知识存量因素、组织资源因素、人力资本因素；知识传播能力包括知识编码化因素、教学资源配置因素；知识转移能力包括激励机制因素、组织距离因素、社会资本因素。在协同创新过程中，高校科研系统内部的知识生产能力、知识传播能力和知识转移能力分别正向影响了协同创新能力，其中，知识生产能力对协同创新能力作用的影响系数最大。因此，知识生产能力是影响高校协同创新能力的主导能力因素。

（5）各地区的知识溢出水平和区域创新能力都存在地区差异。近年来，陕西各个区域对于知识的吸收能力和区域的创新能力以及知识资本的储备量都呈现出稳步上涨的趋势，但受地理条件和资源状况的制约、经济基础的限制、创新环境的约束，各地级市的增长速度表现出不同的水平，区域创新能力、对知识的吸收和转化能力以及知识资本的分布也存在明显地区差异，关中地区明显优于陕北和陕南地区。西安作为省会城市，在经济水平、人力资本状况、科技投入和知识资本存量等各个方面在陕西省内遥遥领先，其区域创新能力远超其他9个城市，并且由于丰富的资源和庞大的知识存量，成为陕西的知识溢出中心。从技术扩散角度看，城市作为一个开放的系统，会与周边城市进行信息交流和学习，会从资本、人员等方面进行资源流动，产生知识溢出效应，地理位置上越靠近西安的城市，其知识吸收能力和区域创新能力越强。

（6）陕西各地级市知识溢出吸收能力对区域创新能力有明显的促进作用。知识资本越多，对知识溢出的吸收能力越强，相应地，对于创新产出的正面影响越大。由基准回归结果可知，吸收知识溢出的能力对区域创新能力有显著作用，除西安这个知识溢出中心，对于剩余9个地级市来说，吸收知识溢出的能力越强，该地区区域创新能力越强。从地区分布散点图中可以发现，除西安外的9个地级市，地理距离与西安越近，并且自身吸收知识溢出的能力越强，区域创新能力越强。

（7）陕西整体的区域创新能力逐渐提高且具有一定的空间聚集效应，各地级市知识溢出和区域创新能力具有明显的异质性。陕西区域创新能力两极分化较为严重，关中地区区域创新水平最高，陕北次之，陕南区域创新能力较低。总的来说，陕北地区、关中地区经济发展基础较好，产业结构比较齐全，技术水平和创新环境比较优越，因而区域创新能力较强。相比之下，陕南地区较为落后。但是，从这些地区的发展趋势看，后期陕南地区例如汉中市进步较快，其与中北部的区域创新能力差距逐渐减小，呈现出空间溢出和集聚发展的态势。根据各地级市知识溢出和区域创新能力的强弱特点可将陕西省分为三组，其中咸阳属于知识溢出和区域创新能力都强的"强—强"地区；宝鸡和榆林属于吸收知识溢出能力弱、区域创新能力强的"弱—强"地区；渭南、商洛、安康、延安、铜川、汉中属于吸收知识溢出能力和区域创新能力都弱的"弱—弱"地区。"强—强"地区如咸阳有着较为丰富的资源，自身有着很强的创新能力，并且吸收的知识溢出显著促进其区域创新能力的发展；"弱—强"地区如宝鸡和榆林，有着良好的科研基础或者有足够的资金投入到创新活动中，自身有较强的区域创新的资本，故不过多依靠吸收知识溢出就能提高自身的区域创新能力；"弱—弱"地区如安康、延安等，需要从提升自身科研能力和提高吸收知识溢出水平两方面促进区域创新能力的发展。

（8）产学研协同创新能力提升路径主要包括：①提升企业技术创新能力路径。包括充分搜寻外部资源，获取有用的知识信息；深度挖掘内部知识，激发企业内部搜寻活动；优化知识搜寻结构，注重知识搜寻内外结合；增强企业吸收能力，充分发挥正向调节作用；建设良好的营商环境，促进企业协同创新发展。②提升产业技术创新战略联盟的协同创新能力路径。包括增强知识转移与吸收，提升产业联盟创新能力；加强产业联盟知识共享，营造互动共创氛围；增强政府引导作用，促进产业联盟知识转移；优化外部市场环境，推动产业联盟创新资源共享。③提升高校协同创新能力路径。包括健全科学研究机制，提升高校知识生产能力；加强人才培养力度，提升高校知识传播能力；促进校企知识转移，保障产学研沟通合作；推动知识三角动态演化，提升高校协同创新能力。④提升产学研区域协同创新能力路径。包括充分发挥区域间知识溢出作用，缩小区域创新能力差异；破解知识溢出障碍，推动区域间知识吸收转化；引导区域间人才流动，提高区域创新驱动力；完善区域制度环境，提高区域协同创新效率；构建知识溢出补偿机制，提升区域协同创新能力可持续发展。

第二节　研究不足及展望

本书虽从多个角度对协同创新进行了探讨，但仍存在以下不足：

（1）在理论方面，企业、高校、科研院所等组织在不同合作模式下的博弈行为，有待进一步深入研究。另外，本书虽然实证分析了创新联盟中的知识共享的影响因素，但并未涉及知识共享中的知识产权冲突等问题，有待后续进一步研究完善。

（2）实证研究方面，本书在问卷发放和数据收集时，在一定程度上未完全达到随机调查抽样的标准和要求，且样本数量有限，因而可能存在外部不可控因素对研究结论效度产生影响。另外，对于产学研合作知识共享的定量研究较少，量表设计有待进一步完善。基于此，后续研究将会拓宽问卷发放范围，纳入更广泛对象以提高其代表性。在实证分析中，部分变量的选择可能不够全面，需要进一步加强。还有，本书的研究对象为陕西的企业、高校、研究院以及地级市，样本量较小，在一定程度上未能全面反映我国区域创新能力，在今后的研究中应进一步扩展样本量。

参考文献

［1］ A B Jaffe, M Trajtenberg, R Henderson. Geographic Localization of Knowledge Spillovers as Evidenced by Patent Citations ［J］. The Quarterly Journal of Economics, 1993, 108 (3): 577-598.

［2］ A Filippetti, M Frenz, G Ietto-Gillies. The Impact of Internationalization on Innovation at Countries' Level: The Role of Absorptive Capacity ［J］. Cambridge Journal of Economics, 2017, 41 (2): 413-439.

［3］ A Fracasso, G V Marzetti. International Trade and R&D Spillovers ［J］. Journal of International Economics, 2015, 96 (1): 138-149.

［4］ A Jaffe, M Trajtenberg. Flows of Knowledge from Universities and Federal Laboratories: Modeling the Flow of Patent Citations over Time and across Institutional and Geographic Boundaries ［J］. Proceedings of the National Academy of Sciences of the United States of America, 1996, 93 (23): 12671-12677.

［5］ A Martínez-Sánchez, S Vicente-Oliva, M Pérez-Pérez. The Relationship between R&D, the Absorptive Capacity of Knowledge, Human Resource Flexibility and Innovation: Mediator Effects on Industrial Firms ［J］. Journal of Business Research, 2020 (118): 431-440.

［6］ A M Kowalski. Dynamics and Factors of Innovation Gap between the European Union and China ［J］. Journal of the Knowledge Economy, 2020, 12 (4): 1966-1981.

［7］ Antonio Navas. Does FDI Generate Technological Spillovers in the Host Country? Evidence from Patent Citations ［J］. Economia Politica, 2019, 36 (2): 399-414.

［8］ Bell R, Pham T T. Modelling the Knowledge Transfer Process between Founder and Successor in Vietnamese Family Businesses Succession ［J］. Journal of Family Business Management, 2021, 11 (4): 479-495.

［9］ Boardman P C, Ponomariov B L. University Researchers Working with Private Companies ［J］. Technovation, 2009, 29 (2): 142-153.

［10］ Boussebaa M, Tienari J. Englishization and the Politics of Knowledge Production in Management Studies ［J］. Journal of Management Inquiry, 2021, 30 (1): 59-67.

［11］ Bozeman B, Gaughan M. Impacts of Grants and Contracts on Academic Researchers' Interactions with Industry ［J］. Research Policy, 2007, 36 (5): 694-707.

［12］ Brescia F, Colombo G, Landoni P. Organizational Structures of Knowledge Transfer Offices: An Analysis of the World's Top-Ranked Universities ［J］. Journal of Technology Transfer, 2016, 41 (1): 1-20.

［13］ Cabeza-Pullés D, Fernández-Pérez V, Roldán-Bravo I M. Internal Networking and Innovation Ambidexterity: The Mediating Role of Knowledge Management Processes in University Research ［J］. European Management Journal, 2020, 38 (3): 450-461.

［14］ Chaolin Lyu, Can Peng, Hong Yang, et al. Social Capital and Innovation Performance of Digital Firms: Serial Mediation Effect of Cross-border Knowledge Search and Absorptive Capacity ［J］. Journal of Innovation & Knowledge, 2022, 7 (2): 100187.

［15］ Ch Ho, W Wang, J Yu. International Knowledge Spillover through Trade: A Time-Varying Spatial Panel Data Approach ［J］. Economics Letters, 2018 (162): 30-33.

［16］ Choi S Y, Lee H, Yoo Y. The Impact of Information Technology and Transactive Memory Systems on Knowledge Sharing, Application, and Team Performance: A Field Study ［J］. MIS Quarterly, 2010, 34 （4）: 855-870.

［17］ Chung E K, Park S K. The Effect of Coaching Leadership on Organizational Trust and Innovative Behavior: Moderated Mediation by Power Distance Orientation ［J］. Korean Journal of Industrial and Organizational Psychology, 2021, 34 （3）: 349-375.

［18］ Cyert R M, March J G. A Behavioral Theory of the Firm ［M］. Englewood Cliffs, NJ: Prentice Hall, 1963.

［19］ Dapeng T, Yuan L, Hao Z, et al. Government R&D Spending, Fiscal Instruments and Corporate Technological Innovation ［J］. China Journal of Accounting Research, 2022, 15 （3）: 324-335.

［20］ Das T K, Teng B S. Risk Types and Inter-Firm Alliance Structures ［J］. Journal of Management Studies, 1996, 33 （6）: 827-843.

［21］ E A Boler, A Moxnes, K Helene Ulltveit-Moe. R&D, International Sourcing, and the Joint Impact on Firm Performance ［J］. The American Economic Review, 2015, 105 （12）: 3704-3739.

［22］ Edmondson A C, Harvey J F. Cross-Boundary Teaming for Innovation: Integrating Research on Teams and Knowledge in Organizations ［J］. Human Resource Management Review, 2018, 28 （4）: 347-360.

［23］ Elvira Cerver-Romero, João J. Ferreira, Cristina Fernandes. A Scientometric Analysis of Knowledge Spillover Research ［J］. The Journal of Technology Transfer, 2020, 45 （1）: 780-805.

［24］ F Donbesuur, GOA Ampong, D Owusu-Yirenkyi, et al. Technological Innovation, Organizational Innovation and International Performance of SMEs: The Moderating Role of Domestic Institutional Environment ［J］. Technological Forecasting and Social Change, 2020 （161）: 120252.

［25］ Ferreras-Méndez J L, Fernández-Mesa A, Alegre J. Export Performance in SMEs: The Importance of External Knowledge Search Strategies and Absorptive Capacity [J]. Management International Review, 2019, 59 (3): 413-437.

[26] Ferreras-mendez J L, Newell S, Fernandez-mesa, et al. Depth and Breadth of External Knowledge Search and Performance: The Mediating Role of Absorptive Capacity [J]. Industrial Marketing Management, 2015, 47 (7): 86-97.

[27] Fort J, Cerny R. Limited Interdisciplinary Knowledge Transfer as a Missing Link for Sustainable Building Retrofits in the Residential Sector [J]. Journal of Cleaner Production, 2022 (343): 131079.

[28] Fuentes C D, Dutrénit G. Geographic Proximity and University-industry Interaction: The Case of Mexico [J]. Journal of Technology Transfer, 2016, 41 (2): 329-348.

[29] Fu Z, Fan Y, Liu M, et al. Research on the Impact of Knowledge Integration on Collaborative Innovation between High Manufacturing & Tech-service Industry [J]. Industrial Engineering and Innovation Management, 2022, 5 (13): 100956.

[30] Gavetti G, Greve H R, Levinthal D A, et al. The Behavioral Theory of the Firm: Assessment and Prospects [J]. The Academy of Management Annals, 2012, 6 (1): 1-40.

[31] Gkypali A, Arvanitis S, Tsekouras K. Absorptive Capacity, Exporting Activities, Innovation Openness and Innovation Performance: A SEM Approach Towards a Unifying Framework [J]. Technological Forecasting & Social Change, 2018 (132): 143-155.

[32] G M Grossman, E Helpman. Trade, Knowledge Spillovers, and Growth [J]. European Economic Review, 1991, 35 (2-3): 517-526.

[33] Griliches Z. Issues in Assessing the Contribution of Research and Development to Productivity Growth [J]. The Bell Journal of Economics, 1979, 10 (1): 92-116.

[34] Guan Jiancheng, Yan Yan. Technological Proximity and Recombinative Innovation in the Alternative Energy Field [J]. Research Policy, 2016, 45 (7):

1460-1473.

［35］G Zanello，X Fu，P Mohnen，M Ventresca. The Creation and Diffusion of Innovation in Developing Countries：A Systematic Literature Review ［J］. Journal of Economic Surveys，2016，30（5）：884-912.

［36］Haeussler C，Colyvas J A. Breaking the Ivory Tower：Academic Entrepreneurship in the Life Sciences in UK and Germany ［J］. Research Policy，2011，40（1）：41-54.

［37］Hallinger P，Hammad W. Knowledge Production on Educational Leadership and Management in Arab Societies：A Systematic Review of Research ［J］. Educational Management Administration & Leadership，2019，47（1）：20-36.

［38］Halpern L，Koren M. Szeidl，Imported Inputs and Productivity ［J］. American Economic Review，2015，105（12）：3660-3703.

［39］Hanelt A，Bohnsack R，Marz D，et al. A Systematic Review of the Literature on Digital Transformation：Insights and Implications for Strategy and Organizational Change ［J］. Journal of Management Studies，2021，58（5）：1159-1197.

［40］Han S，Li Y，R Ji，Y Zhu，L Bao. Open Innovation，Network Embeddedness and Incremental Innovation Capability ［J］. Management Decision，2020，58（12）：2655-2680.

［41］Hoarau H. Knowledge Acquisition and Assimilation in Tourism-Innovation Processes ［J］. Scandinavian Journal of Hospitality and Tourism，2014，14（2）：135-151.

［42］Honglei Li，Ziyu Yang，Chunhua Jin，et al. How an Industrial Internet Platform Empowers the Digital Transformation of SMEs：The oretical Mechanism and Business Model ［J］. Journal of Knowledge Management，2023，27（1）：105-120.

［43］H Sun，B K Edziah，A K Kporsu，et al. Energy Efficiency：The Role of Technological Innovation and Knowledge Spillover ［J］. Technological Forecasting

& Social Change, 2021 (167): 120659.

[44] Huber G P. Organizational Learning: The Contributing Processes and the Literatures [J]. Organization Science, 1991, 2 (1): 88-115.

[45] Hung S Y, Huang Y W, Chou Y T. Understanding the Factors Influencing Physicians' Knowledge Transfer Success [R]. PACIS Proceedings, 2015.

[46] I Díez-Vial, F O Marta. Knowledge Spillovers in Science and Technology Parks: How Can Firms Benefit Most? [J]. The Journal of Technology Transfer, 2015, 40 (1): 70-84.

[47] I Gölgeci, A Ferraris, A Arslan, et al. European MNE Subsidiaries' Embeddedness and Innovation Performance: Moderating Role of External Search Depth and Breadth [J]. Journal of Business Research, 2019 (102): 97-108.

[48] Jaffe A B. Real Effects of Academic Research [J]. The American Economic Review, 1989, 79 (5): 957-970.

[49] J Alexandre. International Firm Investment under Exchange Rate Uncertainty [J]. Review of Finance, 2016, 20 (5): 14-21.

[50] J A Olayinka, S Loykulnanta. How Domestic Firms Benefit from the Presence of Multinational Enterprises: Evidence from Indonesia and Philippines [J]. Economies, 2019, 7 (3): 94-96.

[51] Jing G, Wanfei Z, Tao G, et al. The Effect of Manufacturing Agent Heterogeneity on Enterprise Innovation Performance and Competitive Advantage in the Era of Digital Transformation [J]. Journal of Business Research, 2023 (155): 113387.

[52] Joao J. Ferreira, R Vanessa, Leo-Paul Dana. Knowledge Spillover-based Strategic Entrepreneurship [J]. International Entrepreneurship and Management Journal, 2017 (1): 161-167.

[53] K Benkovskis, J Masso, O Tkacevs, et al. Export and Productivity in Global Value Chains: Comparative Evidence from Latvia and Estonia [J]. Review of World Economics, 2020 (156): 557-577.

［54］Kevin Morgan. The Learning Region：Institutions，Innovation and Regional Renewal ［J］. Regional Studies，2010，31（5）：491-503.

［55］K Nikolopoulou，V Gialamas，K Lavidas. Habit，Hedonic Motivation，Performance Expectancy and Technological Pedagogical Knowledge Affect Teachers' Intention to Use Mobile Internet ［J］. Computers and Education Open，2021（2）：100041.

［56］Kogut B，Chang S J. Technological Capabilities and Japanese Foreign Direct Investment in the United States ［J］. Review of Economics & Statistics，1991，73（3）：401-413.

［57］Krogh G V. How does Social Software Change Knowledge Management? Toward a Strategic Research Agenda ［J］. Journal of Strategic Information Systems，2019，21（2）：154-164.

［58］Krugman P. Geography and Trade ［M］. Cambridge，MA：MIT Press，1991.

［59］Lin B W，Wu C H. How Does Knowledge Depth Moderate the Performance of Internal and External Knowledge Sourcing Strategies? ［J］. Technovation，2010，30（11）：582-589.

［60］Li Xing，Guo Yue，Hou Jia'ni，Liu Jun. Human Capital Allocation and Enterprise Innovation Performance：An Example of China's Knowledge-Intensive Service Industry ［J］. Research in International Business and Finance，2021（58）：101429.

［61］MacDougall Donald. The Benefits and Costs of Private Investment from Abroad：A Theoretical Approach ［J］. John Wiley & Sons，1960，36（73）：13-35.

［62］M Amiti，J Konings. Trade Liberalization，Intermediate Inputs，and Productivity：Evidence from Indonesia ［J］. American Economic Review，2007，97（5）：1611-1638.

［63］Marbun D S，Juliandi A，Effendi S. The Effect of Social Media Culture and Knowledge Transfer on Performance ［J］. Budapest International Research and Critics Institute-Journal, 2020, 3 (3): 2513-2520.

［64］ Marcus B, Masahisa F. Culture and Diversity in Knowledge Creation ［J］. Regional Science and Urban Economic, 2012, 42 (4): 648-662.

［65］ Mathiasen H. Time to Rethink the Concepts of Knowledge Dissemination and Transfer in the Educational System? A Systems Theoretical Perspective ［J］. European Review, 2012, 20 (2): 153-163.

［66］ Maurer I, Bartsch V, Ebers M. The Value of Intra-Organizational Social Capital: How It Fosters Knowledge Transfer, Innovation Performance, and Growth ［J］. Organization Studies, 2011, 32 (2): 157-185.

［67］ M Fafchamps, S E Hamine, A Zeufac. Learning to Export: Evidence from Moroccan Manufacturing ［J］. Journal of African Economies, 2002, 17 (2): 305-355.

［68］ Murray F, Graham L. Buying Science and Selling Science: Gender Differences in the Market for Commercial Science ［J］. Industrial & Corporate Change, 2007, 16 (4): 657-689.

［69］ M Luisa Flor, S Y Cooper, Maria J. Oltra. External Knowledge Search, Absorptive Capacity and Radical Innovation in High - Technology Firms ［J］. European Management Journal, 2018, 36 (2): 183-194.

［70］ Nadia Z, Dennis P G, Jyoti C. Entrepreneurial Competencies and Alliance Success: The Role of External Knowledge Absorption and Mutual Trust ［J］. Journal of Business Research, 2021 (136): 440-450.

［71］ NGV Krogh. Tacit Knowledge and Knowledge Conversion: Controversy and Advancement in Organizational Knowledge Creation Theory ［J］. Organization Science, 2009, 20 (3): 635-652.

［72］ Nishikawa K, Kanama D. Examining the Interaction between University Knowledge and Firms' Innovation Objectives ［J］. Industry and Higher Education, 2019, 33 (4): 260-274.

［73］ Nonaka I, Takeuchih H. The Knowledge-Creating Company: How Japanese Companies Create the Dynamics of Innovation ［M］. London: Oxford University Press, 1995.

［74］ OECD. Knowledge Management in the Learning Society ［R］. OECD Publications, Paris, 2000.

［75］ P Almodóvar, QTK Nguyen. Product Innovation of Domestic Firms Versus Foreign MNE Subsidiaries: The Role of External Knowledge Sources ［J］. Technological Forecasting and Social Change, 2022 (184): 122000.

［76］ Paruchuri S, Awate S. Organizational Knowledge Networks and Local Search: The Role of Intra-Organizational Inventor Networks ［J］. Strategic Management Journal, 2017, 38 (3): 657-675.

［77］ Perkmann M, Walsh K. University Industry Relationships and Open Innovation: Towards a Research Agenda ［J］. Social Science Electronic Publishing, 2007, 9 (4): 259-280.

［78］ Piezunka H, Dahlander L. Distant Search, Narrow Attention: How Crowding Alters Organizations' Filtering of Suggestions in Crowdsourcing ［J］. Academy of Management Journal, 2015, 58 (3): 856-880.

［79］ Pilar F, Mihaela E, Joan T. Linking Perceived Organizational Support, Affective Commitment, and Knowledge Sharing with Prosocial Organizational Behavior of Altruism and Civic Virtue ［J］. Sustainability, 2020, 12 (24): 10289.

［80］ Pol Antràs, T C Fort, F Tintelnot. The Margins of Global Sourcing: Theory and Evidence from Us Firms ［J］. The American Economic Review, 2017, 107 (9): 2514-2564.

［81］ Prior D. Boundary Spanning and Customer Service Styles in Business Solutions Implementation ［J］. Industrial Marketing Management, 2016 (56): 120-129.

［82］ R Boschma, V Martín, A Minondo. Neighbour Regions as the Source of New Industries ［J］. Papers in Regional Science, 2017, 96 (2): 227-245.

[83] R E Cavas. Multinational Firms, Competition, and Productivity in Host-Country Markets [J]. Economica, 1974, 41 (6): 176-193.

[84] Romer P. Increasing Returns and Long Run Growth [J]. Journal of Political Economy, 1986 (94): 1002-1037.

[85] R Ricci, D Battaglia, P Neirotti. External Knowledge Search, Opportunity Recognition and Industry 4.0 Adoption in SMEs [J]. International Journal of Production Economics, 2021 (240): 108234.

[86] Sankowska A. Relationships between Organizational Trust, Knowledge Transfer, Knowledge Creation, and Firm's Innovativeness [J]. Learning Organization, 2013, 20 (1): 85-100.

[87] Schartinger D, Schibany A, Gassler H. Interactive Relations between Universities and Firms: Empirical Evidence for Austria [J]. Journal of Technology Transfer, 2001, 26 (3): 255-268.

[88] Shi He, Yum K. Kwan, Hongzhong Fan. In Search of FDI Horizontal Spillovers in China: Evidence from Meta-Analysis [J]. Quality & Quantity, 2019, 53 (3): 1505-1527.

[89] Shyama V R, Mhamed A E, Myriam C. On Estimation a Knowledge Production Function at the Firm and Sector Level Using Patent Statistic [J]. Research Policy, 2008, 37 (9): 1568-1578.

[90] Soojin L, Gukdo B, Suzi K. Effects of Coworkers "Helping Behavior on Employees" Knowledge Sharing and Creativity: The Moderating Role of Interactional Justice [J]. International Journal of Environmental Research and Public Health, 2021, 18 (24): 13302.

[91] Spekmanre, Isabellala, Macavoytc, et al. Creating Strategic Alliances which Endure [J]. Long Range Planning, 1996, 29 (3): 346-357.

[92] S Ren, A B Eisingerich, H T Tsai. Search Scope and Innovation Performance of Emerging-Market Firms [J]. Journal of Business Research, 2015, 68 (1): 102-108.

［93］Van Ha, M J Holmes, Gazi Hassan. Does Foreign Investment Benefit the Exporting Activities of Vietnamese Firms? ［J］. The World Economy, 2020, 43 (6): 1619-1649.

［94］Von Krogh G, Netland T, Worter M. Winning with Open Process Innovation ［J］. MIT Sloan Management Review, 2018, 59 (2): 53-56.

［95］Wang C, Brunswicker S, Majchrzak A. Knowledge Search Breadth and Depth and OI Projects Performance: A Moderated Mediation Model of Control Mechanism ［J］. Journal of Knowledge Management, 2021, 25 (4): 847-870.

［96］Wang C C. Geography of Knowledge Sourcing, Search Breadth and Depth Patterns, and Innovative Performance: A Firm Heterogeneity Perspective ［J］. Environment and Planning A, 2015, 47 (3): 744-761.

［97］Wang F. Research on the Mode of Technology Innovation Alliance of the New Material Industry in Hunan Province ［J］. IOP Conference Series: Materials Science and Engineering, 2018, 322 (2): 113387.

［98］Williamson B. New Digital Laboratories of Experimental Knowledge Production: Artificial Intelligence and Education Research ［J］. London Review of Education, 2020, 18 (2): 209-220.

［99］Wu Ting-Ting. Using Smart Mobile Devices in Social-Network-based Health Education Practice: A Learning Behavior Analysis ［J］. Nurse Education Today, 2014, 34 (6): 958-963.

［100］Xuemei Xie, Hailiang Zou, Guoyou Qi. Knowledge Absorptive Capacity and Innovation Performance in High-Tech Companies: A Multi-Mediating Analysis ［J］. Journal of Business Research, 2018 (88): 289-297.

［101］Yang M. Evaluating Collaborative Innovation Ability of School-Enterprise Cooperation ［J］. Open Journal of Business & Management, 2015, 3 (1): 75-82.

［102］Y Duan, W Wang, W Zhou. The Multiple Mediation Effect of Absorptive Capacity on the Organizational Slack and Innovation Performance of High-Tech Manufacturing Firms: Evidence from Chinese Firms ［J］. International Journal of

Production Economics，2020（229）：107754.

[103] Yunlong Duan，Lei Huang，Xuan Luo，et al. The Moderating Effect of Absorptive Capacity on the Technology Search and Innovation Quality Relationship in High-Tech Manufacturing Firms [J]. Journal of Engineering and Technology Management，2021（62）：101656.

[104] Yu Xinran，Yang O. Knowledge Type，Knowledge Sharing，Knowledge Creation and Firm Performance：Evidence from the Multinational Enterprises in China [J]. Journal of Strategic Management，2018，21（1）：23-48.

[105] Zahra S A，George G. Absorptive Capacity：A Review，Reconceptualization，and Extension [J]. Academy of Management Review，2002，27（2）：185-203.

[106] Zeng Z，Xiao C，Yao Y，et al. Knowledge Transfer via Pre-Training for Recommendation：A Review and Prospect [J]. Frontiers in Big Data，2021（4）：602071.

[107] Zhao Z J，Anand J. A Multilevel Perspective on Knowledge Transfer：Evidence from the Chinese Automotive Industry [J]. Strategic Management Journal，2009，30（9）：959-983.

[108] Zhiwei Wang，Juan Ling，Jay I Chok. Relational Embeddedness and Disruptive Innovations：The Mediating Role of Absorptive Capacity [J]. Journal of Engineering and Technology Management，2020（57）：101587.

[109] Zhu H，Wang Y，Yan X，et al. Research on Knowledge Dissemination Model in the Multiplex Network with Enterprise Social Media and Offline Transmission Routes [J]. Physica A：Statistical Mechanics and its Applications，2022（587）：126468.

[110] 白景坤，李思晗，李红艳. 开放视角下企业的知识治理和隐性知识共享 [J]. 科研管理，2022，43（1）：143-152.

[111] 白俊红，王钺，蒋伏心，李婧. 研发要素流动、空间知识溢出与经济增长 [J]. 经济研究，2017，52（7）：109-123.

［112］贝淑华，王圆，沈杰．基于因子分析的江苏省技术创新能力评价［J］．科技管理研究，2021，41（12）：77-82.

［113］曹勇，程前，杜蔓．外部知识搜索策略对企业吸收能力的影响研究［J］．情报杂志，2017，36（7）：182-187.

［114］曹勇，蒋振宇，孙合林，等．知识溢出效应、创新意愿与创新能力——来自战略性新兴产业企业的实证研究［J］．科学学研究，2016，34（1）：89-98.

［115］陈关聚，董津津，王珂．政府干预、异质性组织交互对合作创新绩效的影响［J］．科技进步与对策，2021，38（14）：1-10.

［116］陈恒，杨志，祁凯．多方博弈情景下政产学研绿色技术创新联盟稳定性研究［J］．运筹与管理，2021，30（12）：108-114.

［117］陈怀超，范建红，牛冲槐．制度距离对中国跨国公司知识转移效果的影响研究——国际经验和社会资本的调节效应［J］．科学学研究，2014，32（4）：593-603.

［118］陈怀超，卢彦丞，丛贞，等．知识型服务企业员工与客户隐性知识共享的系统动力学研究［J］．管理评论，2020，32（2）：127-138.

［119］陈继勇，雷欣．我国区域间知识溢出的数量测度［J］．科技进步与对策，2010（1）：39-44.

［120］陈继勇，雷欣，黄开琢．知识溢出、自主创新能力与外商直接投资［J］．管理世界，2010（7）：30-42.

［121］陈鹏，罗芳．中国区域创新能力的时空演化及其驱动力分析［J］．上海经济，2019（5）：76-89.

［122］陈杨，罗晓光．商业企业开放式创新社区客户知识共享的三方博弈研究——基于互联网背景［J］．情报科学，2019，37（12）：144-149+165.

［123］陈钰芬，陈劲．开放式创新：机理与模式［M］．北京：科学出版社，2008.

［124］程惠芳，陈超．开放经济下知识资本与全要素生产率——国际经验与中国启示［J］．经济研究，2017，52（10）：21-36.

［125］戴勇，胡明溥．产学研伙伴异质性对知识共享的影响及机制研究
［J］．科学学与科学技术管理，2016，37（6）：66-79.

［126］邓灵斌．企业隐性知识转移中的知识产权风险及其规避研究［J］．
科技进步与对策，2009，26（4）：135-138.

［127］邓明，钱争鸣．我国省际知识存量、知识生产与知识的空间溢出
［J］．数量经济技术经济研究，2009（5）：42-52.

［128］刁丽琳，朱桂龙．产学研联盟契约和信任对知识转移的影响研究
［J］．科学学研究，2015，33（5）：723-733.

［129］刁姝杰，匡海波，李泽，骆嘉琪．港口发展对经济开放的空间溢
出效应研究——基于两区制空间 Durbin 模型的实证分析［J］．管理评论，
2021，33（1）：54-67.

［130］董景荣，张文卿，陈宇科．环境规制工具、政府支持对绿色技术
创新的影响研究［J］．产业经济研究，2021（3）：1-16.

［131］杜鹏程，韦祎．基于社会交互作用的冲突管理方式与离职意
向——知识共享的中介效应［J］．管理学刊，2018，107（2）：50-62.

［132］杜燕锋，于小艳．知识生产模式转型与大学科研评价的变革［J］．
高教发展与评估，2022，38（4）：1-8+119.

［133］段云龙，张新启，余义勇．产业技术创新战略联盟稳定性影响因
素研究［J］．经济问题探索，2019（2）：173-182.

［134］冯立杰，李倩倩，王金凤，等．知识搜寻对企业技术创新流程的
影响——关系联结强度的调节效应［J］．科技进步与对策，2023，40（13）：
93-102.

［135］冯兆奎，郭彬．创新网络与知识流动驱动区域创新能力提升路径
［J］．科技管理研究，2023，43（12）：93-100.

［136］高寿华，严建苗．FDI 与 OFDI 对技术创新的影响——基于空间溢
出视角［J］．技术经济与管理研究，2021（3）：23-28.

［137］郭本海，彭莹，薛会娟．知识互溢视角下新能源汽车产业链功能
演化 GERT 网络模型研究［J］．科技进步与对策，2021，38（2）：65-74.

［138］郭嘉仪，张庆霖．省际知识溢出与区域创新活动的空间集聚——基于空间面板计量方法的分析［J］．研究与发展管理，2012，24（6）：1-11+126.

［139］何雄浪．知识创新与扩散、地区间技术吸收效应与环境污染［J］．南开经济研究，2015（2）：94-117.

［140］何雄浪，王舒然．产业集聚、知识溢出与中国区域经济增长［J］．云南财经大学学报，2021，37（9）：15-30.

［141］贺灿飞，余昌达，金璐璐．贸易保护、出口溢出效应与中国出口市场拓展［J］．地理学报，2020，75（4）：665-680.

［142］侯曼，张珮云，王倩楠．领导授权赋能对员工创新绩效的影响——隐性知识共享与情绪智力的作用［J］．软科学，2021，35（12）：113-118.

［143］侯鹏，刘思明．内生创新努力、知识溢出与区域创新能力——中国省级面板数据的实证分析［J］．当代经济科学，2013，35（6）：14-24+122.

［144］胡彩梅．知识溢出影响区域知识创新的机理及测度研究［D］．吉林大学博士学位论文，2013.

［145］胡德鑫，纪璇．知识生产模式的现代转型与研究型大学跨学科组织的建构［J］．高教探索，2022（3）：45-53.

［146］胡谍，佘茂艳，杨雪．企业外部知识搜寻多维结构与创新质量关系研究［J］．科技进步与对策，2022，39（4）：121-130.

［147］胡刃锋，刘国亮．移动互联网环境下产学研协同创新隐性知识共享影响因素实证研究［J］．图书情报工作，2015，59（7）：48-54.

［148］胡正，赵旭阳，张弢，吴慈生．基于创新驱动的区域知识资本空间分布特征研究——基于中国2004-2014年面板数据［C］．中国管理现代化研究会，复旦管理学奖励基金会．第十二届中国管理学年会论文集，2017（10）：37-46.

［149］简世德，付孝泉，陈文波．论高校隐性知识管理［J］．当代教育论坛，2010（7）：19-22.

[150] 姜道奎. 变革型领导对团队知识共享绩效的影响研究——基于信任倾向的中介效应 [J]. 软科学, 2017, 31 (2)：66-70.

[151] 姜文仙, 张慧晴. 珠三角区域创新能力评价研究 [J]. 科技管理研究, 2019, 39 (8)：39-47.

[152] 蒋丽芹, 张慧芹, 李思卉. 关系嵌入、外部知识搜寻与企业创新绩效——长三角产业集群高新技术企业的调研 [J]. 软科学, 2022, 36 (9)：116-123.

[153] 蒋欣娟, 吴福象, 丛海彬. 异质性研发、知识溢出与企业创新产出——基于创新链视角的实证分析 [J]. 科技进步与对策, 2020, 37 (24)：80-89.

[154] 解学梅, 王宏伟. 产业技术创新战略联盟稳定性影响机制研究——一个合作机制视角的多案例探索性分析 [J]. 科技进步与对策, 2020 (3)：62-71.

[155] 金惠红, 薛希鹏, 雷文瑜. 产学研协同创新的运行机制探讨 [J]. 科技管理研究, 2015 (5)：21-25.

[156] 金昕, 陈松. 知识源战略、动态能力对探索式创新绩效的影响——基于知识密集型服务企业的实证 [J]. 科研管理, 2015, 36 (2)：32-40.

[157] 李斌, 田秀林, 张所地, 等. 城市创新能力评价及时空格局演化研究 [J]. 数理统计与管理, 2020, 39 (1)：139-153.

[158] 李峰, 刘爽, 赵毅, 孙佰清. 互联网普及、知识溢出与区域创新空间演进 [J]. 科技管理研究, 2021, 41 (20)：24-34.

[159] 李健旋, 程中华. 知识溢出对区域创新影响的空间计量分析 [J]. 中国科技论坛, 2017 (2)：121-126.

[160] 李婧, 何宜丽. 基于空间相关视角的知识溢出对区域创新绩效的影响研究——以省际数据为样本 [J]. 研究与发展管理, 2017, 29 (1)：42-54.

[161] 李茫茫, 王红建, 严楷. 经济增长目标压力与企业研发创新的挤出效应——基于多重考核目标的实证研究 [J]. 南开管理评论, 2021, 24 (1)：17-26+31-32.

［162］李习保，解峰．我国高校知识生产和创新活动影响因素的实证研究［J］．数量经济技术经济研究，2013（1）：39-53.

［163］李新伟，王敬勇．互联网发展、技术溢出与区域创新能力［J］．科技管理研究，2020，40（22）：7-14.

［164］李梓涵昕，朱桂龙，吕凤雯，等．知识接收方视角下社会资本对知识转移的影响研究［J］．管理科学，2015，28（3）：52-62.

［165］梁圣蓉，罗良文．国际研发资本技术溢出对绿色技术创新效率的动态效应［J］．科研管理，2019，40（3）：21-29.

［166］刘芳．社会资本对产学研合作知识转移绩效影响的实证研究［J］．研究与发展管理，2012，24（1）：103-111.

［167］刘和东．开放经济下知识溢出效应的实证研究［J］．中国科技论坛，2017（3）：33-42.

［168］刘和东，徐亚萍．合作创新中知识共享关键要素的影响效应研究［J］．南京工业大学学报（社会科学版），2019，18（2）：90-97.

［169］刘美玲，黄文军．进出口贸易、对外直接投资和国际技术溢出效应——基于我国1999-2012年省际面板数据的实证［J］．工业技术经济，2015，34（2）：48-54.

［170］陆军，毛文峰．城市网络外部性的崛起：区域经济高质量一体化发展的新机制［J］．经济学家，2020（12）：62-70.

［171］吕承超，干媛媛．金融发展、贸易竞争与技术创新效率［J］．管理学刊，2019，115（4）：21-31.

［172］吕可文．中部六省区域创新能力的评价与分析［J］．区域经济评论，2017（2）：99-106.

［173］吕雁琴，赵斌．外商直接投资、区域创新与城市化发展研究——基于政府与市场双重视角［J］．技术经济，2020，39（1）：149-155.

［174］马双，曾刚．上海市创新集聚的空间结构、影响因素和溢出效应［J］．城市发展研究，2020，27（1）：19-25.

［175］马文聪，叶阳平，徐梦丹，朱桂龙．"两情相悦"还是"门当户

对"：产学研合作伙伴匹配性及其对知识共享和合作绩效的影响机制 [J]. 南开管理评论，2018（6）：95-106.

[176] 孟凡静，李克荣. 国外知识转移理论研究述评 [J]. 现代情报，2008，28（8）：5-8.

[177] 潘闻闻，邓智团. 多元主体、确权约束与创新街区知识共享的有效性研究 [J]. 南京社会科学，2019（3）：64-73.

[178] 庞兰心，官建成，高峰. 国际技术知识溢出效应及其影响因素研究 [J]. 管理评论，2019，31（1）：81-89.

[179] 瞿辉，闫霏. 基于产业知识多样性的区域创新能力评价研究 [J]. 科技管理研究，2019，39（20）：39-44.

[180] 阮爱君，陈劲. 正式/非正式知识搜索宽度对创新绩效的影响 [J]. 科学学研究，2015，33（10）：1573-1583.

[181] 阮建青，石琦，张晓波. 产业集群动态演化规律与地方政府政策 [J]. 管理世界，2014（12）：79-91.

[182] 邵云飞，何伟，詹坤. 多主体参与的高校协同创新过程的演进研究 [J]. 科技管理研究，2015，35（23）：84-90.

[183] 石大千，张琴，刘建江. 高校扩招对区域创新能力的影响：机制与实证 [J]. 科研管理，2020，41（3）：83-90.

[184] 苏屹，林周周. 自有知识、知识溢出与区域创新产出 [J]. 科研管理，2021，42（1）：168-176.

[185] 孙亮，李建玲，李岱松. 产业技术创新战略联盟的组织模式与政府作用 [J]. 中国科技论坛，2015（3）：12-17.

[186] 涂敏. 区域创新能力评价指标体系研究 [J]. 广东经济，2017（2）：29-30.

[187] 万鹏宇，王弘钰，汲海锋. 产业技术创新战略联盟中的突破式创新研究 [J]. 经济纵横，2020（1）：96-105.

[188] 汪增洋，葛帅，宋啸天. 知识产权保护强度、空间溢出与区域创新能力 [J]. 重庆理工大学学报（社会科学版），2021，35（1）：48-59.

［189］王安宇，司春林，赵武阳．知识生产组织模式演变及其对我国实施自主创新战略的启示［J］．科学学与科学技术管理，2010（6）：94-99.

［190］王崇锋．知识溢出对区域创新效率的调节机制［J］．中国人口·资源与环境，2015，25（7）：77-83.

［191］王格格，刘树林．国际专利分类号间的知识流动与技术间知识溢出测度——基于中国发明授权专利数据［J］．情报学报，2020，39（11）：1162-1170.

［192］王向阳，郗玉娟，谢静思．基于区域创新系统的知识转移模型研究［J］．图书情报工作，2017，61（17）：13-20.

［193］王玉梅，罗公利，周广菊．产业技术创新战略联盟网络协同创新要素分析［J］．情报杂志，2013（2）：201-206.

［194］王悦，张福琴，史文秀．区域创新产出空间异质性及关联网络分析［J］．科技进步与对策，2019，36（9）：43-50.

［195］魏江，徐蕾．知识网络双重嵌入、知识整合与集群企业创新能力［J］．管理科学学报，2014，17（2）：34-47.

［196］项杨雪．基于知识三角的高校协同创新过程机理研究［D］．浙江大学博士学位论文，2013.

［197］项杨雪，梅亮，陈劲．基于高校知识三角的产学研协同创新实证研究——自组织视角［J］．管理工程学报，2014，28（3）：100-109.

［198］谢露露．产业集聚和创新激励提升了区域创新效率吗——来自长三角城市群的经验研究［J］．经济学家，2019（8）：102-112.

［199］徐芳，瞿静．基于社交网络的隐性知识共享模式构建［J］．情报理论与实践，2018，41（3）：68-72+94.

［200］许慧，郭丕斌，暴丽艳．组织创新支持对科研人员创新行为的影响——基于创新自我效能感、知识共享的链式中介效应［J］．科技管理研究，2021，41（8）：124-131.

［201］许学国，吴鑫涛．产学研协同模式下关键核心技术创新演化与驱动研究［J］．科技管理研究，2023，43（4）：1-11.

［202］颜建勇，黄珊，郭剑鸣．大学教师教学学术能力发展机制构建研究［J］．现代大学教育，2022，38（3）：102-110+113.

［203］杨建君，谷磊，王佳奇，邓程．组织记忆、外部知识搜寻与新产品创新性［J］．科学学研究，2022，40（8）：14621-1471.

［204］杨俊青，李欣悦，边洁．企业工匠精神、知识共享对企业创新绩效的影响［J］．经济问题，2021（3）：69-77.

［205］杨仁发，沈忱．科技创新、政府干预与长江经济带区域协调发展［J］．统计与信息论坛，2022，37（3）：24-33.

［206］姚柱，张显春．团队创新使命、隐性知识共享与团队创新绩效［J］．软科学，2021，35（7）：78-83+97.

［207］叶传盛，陈传明．产学研协同、知识吸收能力与企业创新绩效［J］．科技管理研究，2022，42（3）：184-194.

［208］叶江峰，陈珊．互动式与非互动式知识搜寻对企业创新绩效的影响——企业内外部知识异质度的调节作用［J］．软科学，2021，35（10）：68-73.

［209］衣长军，李赛，张吉鹏．制度环境、吸收能力与新兴经济体 OFDI 逆向技术溢出效应——基于中国省际面板数据的门槛检验［J］．财经研究，2015，41（11）：4-19.

［210］尹洁，施琴芬，李锋．高校协同创新模式选择影响因素实证研究［J］．科技进步与对策，2016，33（6）：33-39.

［211］于传鹏，林春培，张振刚，等．专业化知识搜寻、管理创新与企业绩效：认知评价的调节作用［J］．管理世界，2020（1）：146-166+240.

［212］张宝歌．地方高校人才培养协同创新机制研究——以牡丹江地区6所高校协作为例［J］．教育研究，2015（7）：142-149.

［213］张敏，吴郁松，霍朝光．科研团队显性知识和隐性知识共享意愿影响因素的对比分析［J］．图书馆学研究，2016（13）：90-97.

［214］张双悦．黄河流域产业集聚促进经济增长研究——基于地理区位异质性［J］．技术经济与管理研究，2022（7）：118-123.

［215］张爽，陈晨．创新氛围对创新绩效的影响——知识吸收能力的中介作用［J］．科研管理，2022，43（6）：113-120.

［216］张昕，李廉水．制造业聚集、知识溢出与区域创新绩效——以我国医药、电子及通讯设备制造业为例的实证研究［J］．数量经济技术经济研究，2007（8）：35-43+89.

［217］张新启，吴雪萍，肖小虹，等．产业技术创新战略联盟稳定性研究述评［J］．科技管理研究，2022，42（8）：119-124.

［218］张瑜，菅利荣，刘思峰，等．基于优化 Shapley 值的产学研网络型合作利益协调机制研究——以产业技术创新战略联盟为例［J］．中国管理科学，2016，24（9）：36-44.

［219］张振刚，陈志明，李云健．开放式创新、吸收能力与创新绩效关系研究［J］．科研管理，2015，36（3）：49-56.

［220］张子珍，杜甜，于佳伟．科技资源配置效率影响因素测度及其优化分析［J］．经济问题，2020（8）：20-27.

［221］赵华晔，孙振东．OECD 是如何影响世界教育的？——基于知识生产的视角［J］．外国教育研究，2022，49（6）：85-97.

［222］赵丽梅，张庆普．高校科研创新团队成员知识创新的激励机制研究［J］．科学学与科学技术管理，2013，34（3）：89-99.

［223］赵炎，王玉仙，杨冉．联盟网络中企业协同创新活动、技术标准化与创新绩效［J］．软科学，2021，35（1）：75-80+94.

［224］郑舒文，欧阳桃花，张凤．高校牵头国家重大科技项目科研组织模式研究——以北航长鹰无人机为例［J］．科技进步与对策，2022，39（10）：11-20.

［225］周文强，顾新，杨雪．多维知识搜寻平衡对突破性技术形成的影响机制研究［J］．软科学，2021，35（10）：55-60.

［226］朱云鹃，储晓，刘景东．多市场接触、技术联盟与企业突破式创新——组织惯例及势力范围的调节作用［J］．科技进步与对策，2021，38（14）：100-107.